챔피언
골프 스윙

CHAMPION GOLF SWING

챔피언
골프 스윙

똑바로 더 멀리 치는 골프 스윙을 하고 싶다면

안 스티븐 지음

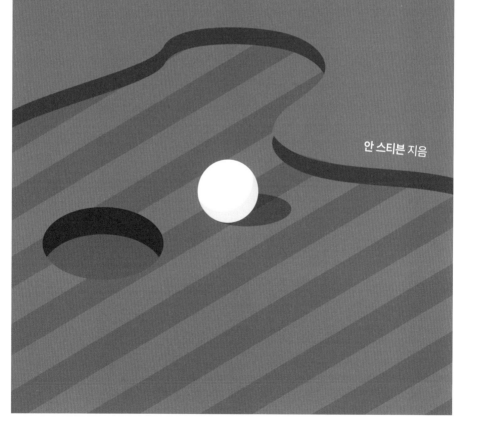

좋은땅

머리말

　'챔피언 골프 스윙'은 제목 그대로 누구나 최고의 골프 스윙을 구사할 수 있도록 골프 스윙의 동작을 간결하게 순서대로 서술하였습니다. 스윙의 기본 동작을 구체적이고 쉽게 익힐 수 있도록 최대한 노력을 했습니다. 스윙의 시작부터 퍼팅의 홀 아웃까지를 11가지 단계로 구분하여 각 구간마다 실행해야 하는 기본적인 동작에 초점을 두었습니다. 이 11가지 동작만 충실히 익히면 초보자든 투어 프로든 누구나 챔피언이 될 수 있도록 순서대로 간단, 명료하게 서술하였습니다. 누구나 이 한 권의 책을 들고 따라 하면 챔피언의 골프 스윙을 구사할 수 있을 것으로 확신합니다.

　골프 스윙의 이해를 돕기 위해 힘의 법칙들은 어떻게 골프 스윙 메커니즘에 영향을 미치는가에 대해서도 서술하였습니다. 힘의 법칙들이 골프 스윙에 영향을 주는 요소들을 이해하면 골프 스윙을 발전시키는 데 획기적인 도움이 될 것으로 믿어 의심치 않습니다. 자신만의 골프 스윙을 만들어 가는 것은 무엇보다 중요합니다. 뿌리 깊은 나무가 바람에 흔들리지 않듯 힘의 법칙을 이해하는 것은 골프에 대한 생각을 한 단계 향상시키는 결과를 가져올 것입니다.

저의 골프에 대한 삶은 서울 올림픽이 열릴 무렵 공학도 유학생의 신분으로 뉴욕행 비행기에 몸을 실으면서 시작되었습니다.

저가 상품 백화점인 K-마트에서 드라이버, 7번 아이언 그리고 퍼터를 샀습니다. 그리고 설레는 마음과 함께 골프라는 단어가 머릿속 한편에 삶의 일부를 차지하면서 30년 넘게 지금까지 이어져 왔습니다.

처음에는 유학 생활에서 그저 많은 스포츠 중의 하나로 시작하게 되었습니다. 빨리 배워서 동료들에게 민폐 안 끼치고 즐겁게 치는 것이 목표였습니다.

시간이 지나면서 욕심은 커졌습니다. 유학생의 신분에서 벗어나 이민자로서 뉴욕 증권사에서 일을 시작하게 되었습니다. 학생 때는 그저 즐겁게 치고 수다 떨고 하는 데 만족했습니다. 증권사에서 증권 매매(Stock Broker Dealer) 일을 하면서 많은 고객을 만나 골프를 치다 보니 나름 연구도 많이 하고 필드도 자주 나가고 실력도 많이 향상됐습니다. 한 단계 더 도약하고 싶은 욕심이 생겼습니다. 즐기는 레크레이션 골퍼가 아니라 정말 잘 치고 싶고 더 배워 보고 싶은 강한 욕망이 생겼습니다. '골프란 무엇인가?'라고 스스로에게 질문하면서 조금 더 가까이 다가가 보기로 했습니다.

그래서 프로 골퍼가 되기로 결심을 했습니다. "네 시작은 미약하였으나 네 나중은 심히 창대하리라."는 성경 구절을 마음에 간직하며 한 발, 한 발 다가서 보기로 했습니다.

저는 그 당시 화학공학과 대학원과 컴퓨터공학과 대학원을 졸업한 상태였습니다. 그래서 물리학에 기반한 골프 스윙 메커니즘을 이해하는 데는 별로 어려움이 없었습니다. 과학에 기반을 두고 골프 스윙 메커니즘을 연구하며 골프에 접근한 결과 놀라운 발전을 가져왔습니다.

마침내 미국 PGA Class A 프로 골퍼가 되기로 하고 도전장을 냈습니다. 미국 PGA Class A 프로가 된다는 건 그렇게 만만한 길이 아니었습니다. 볼만 잘 친다고 해결되는 게 아니었습니다. 이수해야 하는 과목들이 너무나 많습니다. 그저 볼을 잘 치는 건 36홀 PAT(playing ability test) 테스트가 전부였습니다. 이 PAT(playing ability test) 테스트 합격이 정식 PGA 교육을 받는 선결 조건이었으므로 먼저 응시를 했는데 결과는 불합격이었습니다. 여기에서 좌절하지 않고 예전 군대 생활할 때 어느 군부대의 구호인 "하면 된다. 안 되면 되게 하라!"라는 구호를 머릿속으로 되새기면서 좌절하지 않고 몇 번을 더 시도한 끝에 PAT(playing ability test) 관문을 넘어서게 되었습니다.

한두 타 차이로 합격과 불합격이 결정되는 냉혹한 PAT 현실에서 절실하게 느낀 것은 실수를 줄이기 위해 골프는 힘에 의한 본능적 사고 방식에 의한 접근을 최대한 자제해야 한다는 사실이었습니다. 그 이후 골프를 대하는 마음가짐이 한 단계 업그레이드(upgrade)되었습니다. 또 한 가지, 점수를 줄이기 위해서는 퍼팅을 잘해야 합니다. 퍼팅의 중요성을 인식하고 골프에 접근해야 합니다. 퍼팅은 스윙에 비해 작은 노력으로도 큰 성과를 낼 수 있습니다. 퍼팅은 인스윙(In-Swing)에 비해 아주 정적인 동작이기 때문에 조심스럽게 주의 사항들을 꼼꼼히 확인하면서 리듬 있게 스윙을 해 주면 골프의 다른 어떤 샷보다 쉽게 스코어를 줄일 수 있습니다.

PGA 골프 프로가 되기 위한 교육 과정(curriculum)은 레벨 1, 레벨 2 그리고 레벨 3 식으로 3단계로 나누어서 진행을 합니다. 여기에는 각 레벨에 따른 이론은 물론 실제 교육 과정에 필요한 동영상도 제작하여 제출해야 합니다. 그 외에 골프 경기 운영, 골프 장비, 잔디 관리, 프로 샵 운영, 골프 룰 등을 모두를 공부하고 인터넷을 통해서 개별 학과목마다 시험을 치른 후 모두 합격을 해야 하는 긴 여정을 모두 소화해 내야 합니다. 미국 내 30여 개 이상의 대학교에 이 PGA학사 과정이 개설되어 있습니다. 저는 미국 PGA협회 산하 교육 기관인 PGA University에서 졸업함과 함께 PGA Class A 자격증을 받았습니다. PGA Class A에는 심화 과정인 PGA Class A Certified Professional과 최상위 과정인 PGA Class A Master Professional 과정도 있습니다.

뉴저지에 있는 파3 9홀과 드라이빙 레인지 시설을 완비한 Fairway Golf Center에서 골프 레슨을 시작했습니다. 이 드라이빙 레인지가 부동산 개발로 인해 문을 닫게 되면서 Galloping Hill Golf Club and Learning Center로 옮기고 S&S Golf Academy를 설립해서 골프 교습을 이어 왔습니다.

이 긴 여정 동안 골프 공부를 하고 그리고 그 후 골프 레슨을 해 오면서 배우고 느낀 골프에 관한 모든 지식을 보다 쉽고 빠르게 골프를 사랑하는 모든 이에게 전하고 싶었습니다. 그래서 마음의 글을 담아 책으로 남기기로 하였습니다.

그동안 골프를 가르치며 늘 스윙 모델로 삼아 온 선수들은 벤 호건(Ben Horgan), 타이거 우즈(Tiger Woods) 그리고 로리 맥킬로이(Rory McIlroy)였습니다. 그리고 골프 티칭(teaching)에 관한 지식뿐만 아니라 골프에 대한 모든 제반 사항은 PGA 교과서를 중심으로 지도해 왔습니다. 그래서 여기에 실린 내용들은 모두 이 선수들의 스윙 분석과 PGA 교과서 내용을 중심으로 서술되어 있습니다.

자세(Posture)는 힙을 뒤로 빼서 머리, 등, 척추, 힙으로 이어지는 각도를 잘 유지하여 허리의 아랫부분과 힙에 힘을 주고 안정된 자세를 취해야 합니다. 그러면 양팔과 손에도 힘이 빠지고 부드럽게 되면서 유연한 인스윙을 구사할 수 있습니다.

스탠스(Stance)는 각 클럽에 따라 양발의 폭이 너무 넓지 않도록 하고 양발, 골반 그리고 양어깨는 목표 방향과 나란해야 합니다.

그립(Grip)을 잡는 방법은 오버래핑(overwrapping) 그립을 추천하며 그립의 형태는 스트롱 그립(Strong Grip)을 해야 드라이버같이 긴 클럽을 작은 손목의 회전으로도 클럽을 잘 회전시킬 수 있습니다.

테이크 어웨이(Take Away)는 먼저 바디(허리)를 회전시키면서(coiling) "백스윙에서 가장 중요한 것은 우측 손목을 꺾어 주고 그대로 올려 주는 것입니다". 로리 맥킬로이가 레슨을 하면서 한 말입니다. 백 스윙의 핵심은 바디의 코일링(coiling)입니다.

레버리지(Leverage)는 다운 스윙의 첫 번째 구간입니다. 오른쪽 뒤꿈치를 밀면서 백 스윙에서 꼬인(coiling) 바디(허리)를 회전시키는 동작입니다. 이때 백 스윙 탑에 있던 양손은 자연스럽게 오른쪽 허리 부분까지 끌려오도록 하여 왼팔과 클럽의 샤프트 각도가 직각을 이루도록 해야 합니다.

임팩트(Impact)는 다운 스윙의 두 번째 구간입니다. 왼손목이 구부러져 (bowed left wrist, 외전) 있는 형태로 무릎 앞까지 오른손은 밀고 왼손은 끌어당기면서 동시에 왼쪽 가슴을 뒤로 회전시켜 줍니다.

릴리스(Release)는 다운 스윙의 세 번째 구간입니다. 지면 반력과 함께 왼쪽 허벅지를 펴면서 양손을 강하게 회전하고 오른팔은 충분히 펴지도록 팔로우 스루(follow through)를 만들어 주어야 합니다. 이때 왼쪽 사이드의 스윙 축(dynamic axis)이 무너지지 않도록 충분한 허리 회전을 해 주어야 합니다.

피니쉬(Finish)는 다운 스윙의 마지막 구간입니다. 릴리스 때의 원심력에 의해 발생된 관성 모멘트의 힘을 잃지 않도록 왼쪽 가슴을 최대한 회전시키면서 스윙 축(dynamic axis)을 유지하면 헤드 스피드도 증가하고 비거리도 향상됩니다.

어프로치 샷(Approach Shot)은 주로 그린 주변에서 하게 되는 짧은 샷을 말합니다. 그러나 그린 주변은 경사면도 심하고 벙커도 많고 잔디가 긴 러프 지역이므로 상당한 정교함이 요구되는 샷입니다. 방법도 다양하고 거리의 변화도 많아 생각보다 많은 연구와 훈련이 필요한 부분이기도 합니다.

벙커 샷(Bunker Shot)은 다른 샷이 다 잔디 위에서 이루어지는 반면에 벙커 샷은 이와는 달리 특수한 지형인 모래 위에서 하는 샷입니다. 그러므로 볼을 직접 타격하는 게 아니고 볼 뒤 5cm 정도의 지점을 쳐서 볼과 모래를 함께 치는 샷입니다.

퍼팅(Putting)은 잔디 위에서 볼을 쳐서 날아가게 하는 샷이 아닙니다. 그린(green)이라는 특수한 지역에서 볼을 굴려서 홀에 넣는 동작입니다. 그러므로 일반 스윙과 달리 상당히 정적인 동작이므로 강한 집중력이 필요합니다. 이 정적인 퍼팅이 골프 점수의 절반을 차지한다는 사실입니다. 좋은 점수를 만들어 내기 위해서는 세심한 주의와 노력을 요합니다.

골프 경기를 관전만 하면 그건 재미다.
골프를 플레이하면 그때는 레크레이션이다.
그것에 열중할 때 진짜 골프가 된다. -밥 호프-

From Golf Digest

투어 선수 생활을 하는 프로 골퍼도 그저 적당히 즐기는 일반 골퍼도 나름 명예를 즐기며 매 라운드마다 골프에 대한 열정과 결과에 따른 회한을 반복해 가며 골프를 즐기고 있습니다. 그래서 골프장을 다녀오면 망가진 명예 회복을 위해 다시 올바르며 힘 있고 빈틈없는 보다 나은 스윙을 체득하려고 노력하게 됩니다. 이러한 열정적인 면에서 프로와 아마추어 골퍼가 별반 다르지 않다고 생각합니다.

미디어에서 방영되는 아마추어 골퍼들의 골프 대회를 보면 출연하는 선수들의 핸디캡이 2-5 정도 된다고 자막에 나옵니다. 구력은 보통 15-30년 정도 된다고 소개합니다. 그런데 스윙을 보면 소개하는 통계와는 거리가 멀어 보입니다. 저만 그렇게 느끼는 걸까요?

그 이유가 뭘까요?

잭 니클라우스는 "스윙의 기본을 이해하기 전에 스코어를 따지려 든다. 이것은 걷기도 전에 뛰려는 것과 같다."고 말했습니다. 너무나 유명한 명언입니다. 초보골퍼를 위한 골프 명언이죠. 골프를 배운 지 얼마 되지 않아 필드를 나가 점수를 운운하는 골린이! 초보골퍼에게는 스코어는 아직 의미 없는 숫자일 뿐이지 않을까 하는 생각이 듭니다. 스코어를 적는 것도 중요하지만, 스코어가 많이 나왔다고 해서 낙담하지 않았으면 합니다. 아직 실력이 완성되지 않은 채, 즉 걷지도 못하는데 뛰려는 것과 같기 때문입니다. 인내심을 가지고 골프 레슨과 연습을 하다 보면 어느새 '스코어'라는 숫자를 가지게 될 것입니다.

벤 호건은 "골프에는 나이가 없다. 몇 살에 시작하더라도 실력은 늘어난다."고 말했습니다. 아직 골프는 시작하지 않으신 분들이 "지금 시작하기엔 너무 늦지 않을까?", "골프는 어렸을 때 시작해야 잘할 수 있어." 등의 생각을 하며 골프를 포기하는 분들이 있습니다. 그런 생각은 접어도 됩니다. 프로 선수들 중에서도 20대, 30대 혹은 더 늦은 나이에 골프를 시작하여 프로가 된 선수도 있습니다. 언제 시작해도 골프 실력은 반드시 늘게 되어 있습니다.

골프가 어려운 이유는 골프를 과학적인 스윙 메커니즘에 근거하지 않고 골프 클럽을 잡고 그저 본능에 충실한 골프 스윙을 하고 있기 때문이라고 생각합니다. 어떤 골퍼에게 있어서나 안정되고 일관성 있는 골프 스윙을 하려면 충실한 스윙 메커니즘 기반으로 골프 스윙을 구사해야 합니다.

그렇다면 어떤 조건에서든 똑같이 반복할 수 있는 스윙은 어떻게 하면 이루어질 수 있을까요?

이 질문에 해답을 드리고자 20년 넘는 프로 골퍼의 경력을 밑거름 삼아 꼭 필요한 내용들을 모아 알기 쉽게 체계적으로 이 책에 담았습니다.

여러분도 골프 스윙을 물리학 관점에서 바라보고 바디를 이용한 골프 스윙을 구사하면 짧은 시간 안에 챔피언 같은 골프 스윙을 구사할 수 있습니다. 그러면 세상에서 골프가 재미있어 못 견디는 또 다른 나의 골프 인생으로 발전하게 될 것입니다.

골프는 과학으로 이해하고 몸으로 치면 골프 인생은 자연스럽게 바뀌게 됩니다.

목차

머리말   04

제1장
골프 스윙, 그렇게 어려운가요?   17

제2장
프리스윙(Pre-Swing)   29

1. 자세(Posture)   32
2. 스탠스(Stance)   36
3. 그립(Grip)   41

제3장
인스윙(In-Swing)   51

1. 테이크 어웨이(Take Away)   63
2. 레버리지(Leverage)   73
3. 임팩트(Impact)   77
4. 릴리스(Release)   82
5. 피니쉬(Finish)   85

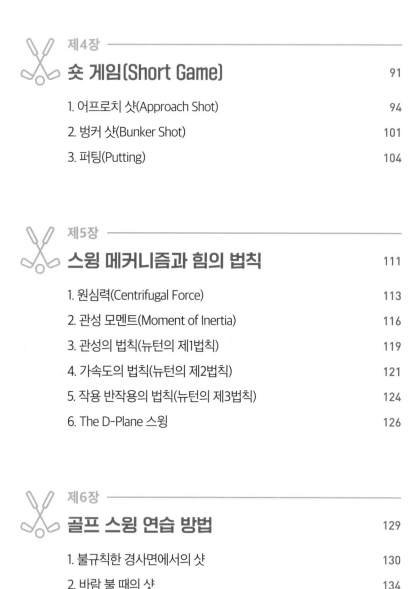

제4장

숏 게임(Short Game)　　　91

1. 어프로치 샷(Approach Shot)　　　94

2. 벙커 샷(Bunker Shot)　　　101

3. 퍼팅(Putting)　　　104

제5장

스윙 메커니즘과 힘의 법칙　　　111

1. 원심력(Centrifugal Force)　　　113

2. 관성 모멘트(Moment of Inertia)　　　116

3. 관성의 법칙(뉴턴의 제1법칙)　　　119

4. 가속도의 법칙(뉴턴의 제2법칙)　　　121

5. 작용 반작용의 법칙(뉴턴의 제3법칙)　　　124

6. The D-Plane 스윙　　　126

제6장

골프 스윙 연습 방법　　　129

1. 불규칙한 경사면에서의 샷　　　130

2. 바람 불 때의 샷　　　134

3. 특별한 샷(Special and Unusual Shot)　　　136

4. 골프 스윙 연습 방법　　　139

제7장 ─────────────────────

프리스윙과 인스윙 요약 149

1. 프리스윙(Pre-Swing) 151

2. 인스윙(In-Swing) 157

3. 숏 게임(Short Game) 166

맺음말 172

제1장

골프 스윙,
그렇게 어려운가요?

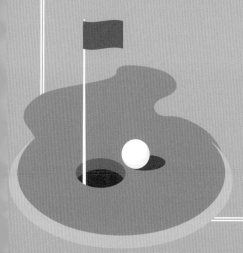

골프 레슨을 하면서 "골프 스윙, 그렇게 어려운가요?" 하고 질문을 하면 열에 아홉은 "네, 어렵습니다."라고 대답을 합니다.

왜 많은 골퍼들이 골프 스윙을 어려워할까요?

제가 생각하는 이유는 우선 골프가 단순한 육체적 운동이 아니라는 사실입니다. 우선 골프 장비는 하나가 아닌 14개의 클럽이 필요합니다. 골프 경기를 하는 골프장도 제각기 난이도를 유지하며 샷마다 보다 조심스럽고 정교한 샷이 요구되도록 설계되어 있습니다. 게다가 비바람의 악천후 날씨도 또한 감당해 내야 합니다. 이런 어려움을 헤쳐 나가도록 만들어진 스포츠가 골프입니다. 이 어려움을 뒤로하고 성취해 냈을 때의 그 쾌감이란 또한 이루 말할 수 없는 것도 사실입니다.

이렇게 복잡한 골프를 막상 시작하려고 골프 클럽을 잡으면 무엇을 어떻게 해야 하는지 막막하기도 합니다. 일단 공만 치면 잘되겠거니 하는 생각이 들지만 그 공을 잘 쳐내기가 여간 어려운 게 아닙니다. 아마 처음 골프채를 잡고 볼을 치려고 할 때 잘 칠 수 있을 것 같지만 헛스윙을 해 본 적도 한두 번이 아닐 겁니다. 그만큼 눈으로 보는 것과 실제와는 많은 차이가 나기도 합니다. 욕심대로 본능대로 골프를 치면 안 된다는 이야기입니다.

그냥 볼을 치는 것도 어려운데 점수까지 계산하려 들면 훨씬 많은 것들을 염두에 두어야 합니다. 드라이버는 말할 것도 없고 어프로치 샷도 잘해야 하고 36타수가 주어지는 퍼팅은 더더욱 잘해야 합니다.

볼만 잘 쳐서 멀리 보내는 것도 이토록 복잡하고 힘든데 보내야 할 거리도 계산해야 하고, 골프 코스의 지형도 감안해야 하고, 거기에 더해서 날씨와 바람의 영향도 계산해서 쳐야 합니다. 이런 계산들이 잘못되면 볼을 아무리 잘 쳐도 규정 타수 안에 목표에 도달할 수가 없습니다.

그러면 이렇게 생각할 것도 많고, 연습도 많이 해야 하고 온갖 고난과 역경을 딛고 일어서야 하는 스포츠임에도 왜 사람들은 골프에 열광할까요?

골프는 다른 스포츠에는 없는 골프만의 매력이 있기 때문입니다. 골프는 다른 스포츠가 대부분 제한된 공간에서 이루어지는 반면에 골프는 축구장 100개가 넘는 광활한 자연 환경 속에서 비바람 맞으며 하는 스포츠라는 게 가장 큰 매력이 아닐까요? 또한 다른 스포츠에는 규칙을 관리하는 심판이 여러 명 있는 반면에 골프는 스스로 규칙 위반 여부를 결정하기 때문에 스스로에게 묻는 자기 성찰의 스포츠라는 점이 또 하나의 매력이라고 생각합니다. 또한 나이, 실력에 상관없이 오래 할 수 있다는 점도 골프에 입문하게 만드는 매력 중에 하나입니다. 골프 핸디캡별로 다양한 티잉 구역(teeing ground)를 제공하여 성별이나 연령에 관계없이 적절한 거리에서 즐길 수 있는 것도 또 다른 매력입니다.

그러나 무엇보다도 골프에 빠져들게 하는 건 재미가 아닐까 싶습니다. 골프 클럽을 한 번이라도 잡아 본 사람은 누구나 다 공감할 것입니다. 골프가 재미가 있는 이유 중의 하나는 골프가 놀이 문화에서 출발했다는 사실입니다. 결국 골프는 재미와 중독성이 있는 놀이로 시작된 스포츠이기에 더욱 매력이 있다고 생각합니다.

이렇게 놀이 문화에서 시작된 골프는 타인과의 경쟁은 물론 자기 자신과 골프 코스와도 경쟁해야 하는 스포츠입니다. 같은 코스 같은 자리에서 샷을 해도 공은 매번 다르게 날아가며 운이 상당한 영향을 미치기도 합니다. 그러기에 골퍼는 자기가 좋아하는 선수의 스윙을 흉내 내기도 하고 경기 중에 버디 퍼트가 성공하면 마치 자기가 로리 맥킬로이가 된 듯 짜릿한 기쁨의 행동을 자신도 모르게 취하게 됩니다. 때로는 가능성은 낮지만 앞의 나무를 비켜 가는 그림 같은 드로우 샷을 상상하며 멋진 샷을 시도하기도 합니다. 이렇듯 완벽한 놀이 스포츠가 있을까요?

또 한 가지 역설적으로 재미있는 이유는 골프가 다른 스포츠에 비해 배우기가 어렵다는 점입니다. 몇 시간이나 며칠이면 배울 수 있는 다른 스포츠와는 달리 골프 코스에 나가기 위해서는 상당히 많은 연습이 필요한 스포츠입니다. 14개나 되는 골프 클럽을 용도별로 사용방법을 터득해야 하며 골프 코스의 불규칙한 경사면에서의 다양한 샷도 알고 있어야 합니다. 이런 여러 가지 것들을 배우고 연습하면서 자신의 실력이 향상되어 가는 것도 재미와 함께 성취감도 느끼게 합니다. 그래서 골프는 지루할 틈이 없습니다. 배우기 쉬우면 싫증도 그만큼 빠르게 찾아오기 마련입니다.

골프에는 의외성도 있습니다. 예측이 힘들고 불규칙하지만 때로는 기대하지 않은 보상으로 훨씬 큰 기쁨을 주기도 합니다. 잘못된 샷이나 3퍼트, 4퍼트에 화가 나기도 하지만 생각지도 않은 긴 퍼트나 어프로치 샷이 홀에 빨려 들어가면서 주는 기쁨은 또다시 다음 라운드를 기약하게 하기도 합니다. 그래서 골프가 재미있는 운동이라고 생각합니다.

제가 스포츠 중에 골프를 좋게 생각하는 이유 중의 하나는 단연 나이가 들어도 즐길 수 있는 운동이라는 점입니다. 나이가 들면 점차 운동을 포기하거나 멀리하는 게 일반적입니다. 축구나 야구가 아무리 재미있어도 체력이 부족하면 부상 위험도 커지며 따라 하기도 어렵습니다. 이에 비해 골프는 천천히 걸으며 플레이하기 때문에 그렇게 많은 체력을 요하지도 않습니다. 그렇다고 걷는 양을 비교하면 운동 효과가 적다고도 말할 수 없습니다.

보통 골프는 4인이 한 그룹으로 즐기는 운동이기 때문에 골프를 치려면 반드시 동반자가 필요합니다. 평소 대인관계가 원만하지 못하면 동반자 구하기도 쉽지 않습니다. 평소 친구나 동료들과의 좋은 인간 관계를 유지하는 것은 행복의 한 요소이기도 합니다. 다양한 인간관계를 맺기 위해서 골프만 한 스포츠가 없습니다.

골프 스포츠에 열광하는 또 다른 이유는 골프에는 체급이 없기 때문에 남녀노소 누구나 함께 즐길 수 있다는 것입니다. 온갖 종류의 내기도 접목시킬 수 있습니다. 될 듯 될 듯하다가 되지 않는 것이 골프이기도 합니다. 한 번 잘 맞았다가 언제 그랬냐는 듯이 다시 옛날로 돌아가기도 합니다. 만약 골프가 누구에게나 쉬웠다면 이렇게 열광할까요? 드라이버 샷 200m 날리는 골퍼가 300m 치는 골퍼를 이길 수 있는 유일한 스포츠가 골프 아닐까요? 라운드를 하면 할수록 도전 욕구가 커지는 것도 골프입니다. 190m를 날리는 골퍼는 200를 보내고 싶고, 240m를 날리는 골퍼는 250m를 보내고 싶은 게 골퍼의 본능입니다. 자신의 스코어에서 한 타, 한 타 줄여 나가는 능력도 골프의 묘미 중의 하나입니다.

이와 같이 매력 있는 골프를 잘 즐기기 위해서 제일 먼저 해야 하는 것은 올바른 스윙을 만드는 일입니다. 이 스윙 메커니즘의 원리에 충실한 스윙을 몸에 익히지 않으면 골프를 정복하는 데 좌충우돌하며 많은 시간을 낭비하게 됩니다. 힘의 법칙 위에 세워진 일관성 있는 스윙을 구사할 수만 있다면 나머지 부분들은 시간과 함께 해결되게 되어 있습니다. 진심으로 골프를 잘 치고 싶다면 바디 중심의 정확한 스윙 모션을 가지고 있어야 합니다. 바디만으로 스윙 모션을 잘 이루어 낸다면 양팔과 손 그리고 골프 클럽은 중력 가속도와 원심력에 의해 저절로 따라오게 되어 있습니다. 즉 다운 스윙에서 바디 회전, 양팔과 손 그리고 골프 클럽의 순서로 회전되어야 합니다.

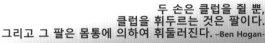

From Augusta National Golf Club

일반 골퍼들은 숏 아이언은 잘 맞는데 드라이버나 페어우드는 잘 안 맞는다는 말을 자주 합니다.

왜 그럴까요?

긴 클럽의 스윙이나 짧은 클럽의 스윙, 심지어 어프로치의 스윙까지도 스윙의 기본 개념은 동일하게 적용되어야 합니다. 즉 다운 스윙에서 왼쪽 무릎과 골반 중심의 스윙 축(dynamic axis)을 확실히 유지해야 하며, 그 스윙 축을 기반으로 바디가 충분히 회전되도록 해야 합니다. 스윙 축(dynamic axis)이 무너지면 아무리 클럽을 잘 회전하려 해도 잘 돌아가지 않습니다. 이유는 클럽이 회전할 때 클럽이 밖으로 나가려고 하는 힘인 원심력을 잡아 줄 구심점이 없기 때문입니다. 이 구심점이 견고하게 유지되어야 구심력을 만들어 낼 수 있습니다, 원심력과 구심력이 균형을 이룰 때 관성 모멘트에 의해 골프 클럽이 가장 빠르게 회전되며, 원심력에 의한 클럽 헤드의 가속도를 높일 수 있습니다.

골프 스윙은 회전 운동입니다. 백 스윙(Backward Swing), 다운 스윙

(Forward Swing)이라고 해서 타겟 라인을 따라 움직이는 직선형의 스윙으로 생각하면 안 됩니다. 그러므로 골프 스윙은 다른 말로 표현하면 원심력의 운동이라고 해도 과언이 아닙니다.

원심력은 원운동을 하는 물체에 작용하는 관성 모멘트의 힘을 말합니다. 원심력은 원의 중심에서 멀어지려는 힘으로 실제 존재하지 않는 가상의 힘입니다. 반대로 물체가 회전할 때 원의 중심으로 향하는 힘을 구심력이라 하며 이 구심력은 실제 존재하는 힘으로 원심력과는 반대 방향으로 작용하며 그 힘의 값은 동일합니다. 즉 회전 운동에 동반되는 힘이 원심력과 구심력입니다.

원심력은 원운동이기 때문에 등속 운동을 하는 게 아니고 가속도 운동하고 있는 것입니다. 이 가속도 운동을 하는 원심력이 각각의 회전 구간에서 발생하는 관성 모멘트를 최대한 살려 낼 때 임팩트에서 볼을 치는 힘은 증가되어 비거리가 증가하게 되고 관성 모멘트가 크면 볼의 방향성도 좋아집니다. 원심력은 같은 크기의 반대 방향으로 작용하는 구심력에 의해 힘의 크기를 느낄 수 있습니다.

관성 모멘트(Moment of Inertia)는 물체가 각각의 회전 구간에서 계속 회전을 유지하려는 관성의 힘입니다. 동일한 회전 물체라도 회전축에 따라 이 값은 얼마든지 달라질 수 있습니다. 스윙하는 동안 스윙 축이 변하면 절대 안 되는 이유입니다. 스윙 축(dynamic axis)이 무너지면 관성 모멘트 값이 현저히 줄게 되어 스윙 속도가 느려지게 됩니다.

그러므로 골프 스윙은 이 회전 운동에서 발생하는 관성 모멘트를 최대한 살려서 원심력을 증가시켜야 합니다. 그러기 위해서는 스윙 축을 견고히 유지하고 그립 악력은 부드럽게 잡아서 클럽의 회전이 잘될 수 있도록 스윙을 해야 합니다. 이때 에너지는 상대적으로 적게 들며 스윙 스피드는 늘어나서 볼에 전달하는 힘은 커지게 되고 비거리는 증가하게 됩니다.

볼에 강한 힘을 전달하기 위해서는 클럽 헤드의 가속도를 늘려야 합니다. 그러기 위해서는 관성 모멘트의 손실 없이 클럽 헤드의 리듬과 함께 힘을 더해서 클럽을 회전시켜 줘야 합니다. 가속도가 클럽 헤드에 미치는 힘은 시간의 제곱에 반비례합니다. 즉 짧은 시간에 클럽 헤드를 멀리 보내면 임팩트에서 볼을 치는 힘은 시간이 짧을수록 제곱에 반비례하여 늘어나게 됩니다. 그러므로 클럽 헤드를 빨리 회전시켜야 합니다. 임팩트 전보다 임팩트 후에 클럽 헤드의 속도가 더 빨라야 가속도는 늘어나게 됩니다.

골프 스윙에서 골퍼가 가지고 있는 힘을 크게 클럽 헤드에 전달하면 힘의 양에 비례하여 가속도는 늘어나게 됩니다. 골퍼의 힘을 키우는 것도 비거리 증대의 한 요인이 됩니다.

작용 반작용의 법칙은 어떤 물체가 다른 물체를 향해 힘을 가하게 되면 힘을 받는 물체 역시 같은 크기의 힘을 반대 방향으로 힘을 준 물체에게 가한다는 이론으로 힘의 크기는 같고 방향은 반대인 힘이 발생합니다. 두 힘은 서로 동일 직선상에서 작용하게 됩니다.

골프 스윙에서도 골퍼가 임팩트에서 볼에 힘을 가하는 작용을 할 때 반작용의 힘이 목표 반대 방향으로 발생하게 되어 왼쪽으로 이동되었던 중심축이 다시 오른쪽으로 이동하게 되는 현상이 나타나게 됩니다. 이는 골프 스윙에서 비거리와 방향 등에 많은 부정적 요소로 작용하게 됩니다. 이를 방지하기 위해서는 골프 클럽 헤드의 직선 운동을 자제하고 원심력을 이용한 회전운동으로 바꾸면 작용 반작용의 힘을 줄일 수 있습니다.

골퍼가 스윙을 할 때 볼보다 뒤를 치는 주된 이유 중의 하나는, 양손으로 볼을 성급하게 치려고 하면 골퍼가 느끼지 못하는 작용 반작용의 힘이 발생하게 됩니다. 이때 몸은 타겟과 반대 방향으로 움직이면서 바디는 회전하지 못하고 아울러 클럽 헤드는 중력 가속도에 의해 빨리 내려오게 됩니다. 이로 인해 클럽 헤드가 회전하지 못하고 볼보다 뒤를 치는 샷의 실수를 하게 됩니다.

지면 반력도 골퍼 신체의 내부적 힘이 지면을 향해 작용하면서 지면과 반대되게 골퍼의 신체를 향하는 작용 반작용의 힘이 발생한다고 할 수 있습니다. 지면 반력은 팔로우 스루에서 클럽 헤드를 릴리스할 때 왼쪽 허벅지, 무릎, 골반, 가슴으로 이어지는 스윙 축(dynamic axis)을 유지하면서 바디의 회전 운동으로 원심력과 구심력이 극대화되도록 해야 합니다.

또한 일반 골퍼들이 간과하고 있는 것 중에, 어프로치와 퍼팅은 언제든 조금만 신경 쓰고 연습하면 잘할 수 있다고 생각합니다. 왜냐하면 이들은 풀 스윙에 비해 육체적 힘을 많이 요구하지 않기 때문입니다. 그러나 이들 어프로치와 퍼팅도 풀 스윙의 연장선상에 있다고 생각으로 접근하는 게 바람직합니다. 그래야 비록 작은 스윙이지만 실수하지 않고 일관성 있는 샷을 구사할 수 있습니다.

모든 골퍼는 항상 마음속으로 좀 더 잘 칠 수 있기를 염원합니다. 이를 실현하기 위해서는 공부와 사고를 통한 노력이 필요합니다. 늘 기본 원리를 바탕으로 한 스윙 메커니즘을 이해하고 그 기반 위에서 연습과 훈련을 지속하면 짧은 시간 안에 싱글(핸디캡 9 이하) 골퍼가 될 수 있습니다. 이런 싱글 골퍼가 되면 골프 인생에 희열을 느끼면서 골프를 즐길 수 있을 것입니다.

골프는 인생의 반사경,
티샷에서 퍼팅까지의 과정이 바로 인생 항로다.
동작 하나하나가 바로 그 인간됨을 적나라하게 드러낸다.
-윌리엄 셰익스피어-

From TPC Sawgrass Golf Club

이 책은 골퍼가 스윙을 하기 위해 취해야 하는 동작을 처음부터 끝나는 순간까지의 과정을 순서대로 기술하였습니다. 그리고 그 과정에서 골퍼가 일관성 있는 좋은 스윙을 하기 위해 지켜야 하는 기본 사항들을 제시하였습니다. 기본 사항들 중에서도 가장 효과적이라고 믿는 것만 골라서 제시하였습니다. 예를 들어 클럽의 그립을 잡는 방법에는 텐 핑거 그립, 오버래핑 그립, 인터록킹 그립이 있지만 그중에서도 가장 적합하다고 생각하는 그립으로 오버랩핑을 추천하였습니다. 퍼팅 그립은 스탠다드 그립, 왼손을 내려 잡는 역 그립, 그리고 집게 그립이 있지만 그중에서도 역 그립이 가장 장점이 많다고 생각합니다.

골프 실력의 향상 정도는 각 골퍼들의 공부하고 연습하는 방법에 따라 달라지겠지만, 지속적으로 기본에 충실하면서 개선해 나가면 골프 게임은 향상될 것이라 믿어 의심치 않으며 때로는 그보다 더 일취월장하는 놀라운 결과를 가져오기도 할 것입니다.

저는 이 책을 통해서 스윙 메커니즘에 따른 기본 개념을 충실히 지킨다면, 일반 골퍼 누구나 예외 없이 일관성 있는 스윙과 비거리로 충분히 싱글 골퍼가 될 수 있다고 믿습니다. 이를 실현하기 위해 스윙의 나쁜 동작은 과감히 버리고 이 책에서 제시한 필수 기본 사항만 충실히 지키라고 말하고 싶습니다.

제2장

프리스윙(Pre-Swing)

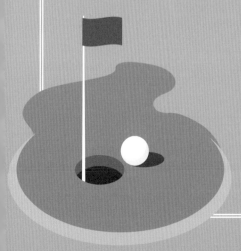

프리스윙(Pre-Swing)은 말 그대로 실제 스윙을 하는 동작인 인스윙(In-Swing) 즉 백 스윙과 다운 스윙을 하기 위한 사전 준비 동작입니다. 이 프리스윙(Pre-Swing)은 다음과 같이 3가지 동작으로 나누어집니다.

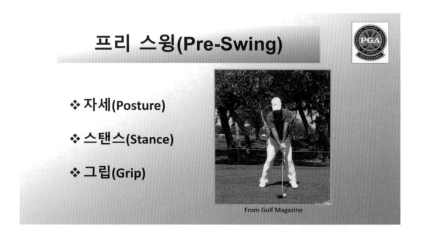

첫 번째 자세(Posture)는 주로 비거리와 볼의 방향에 영향을 줍니다. 자세(Posture)는 클럽 헤드의 경로뿐만 아니라 클럽 헤드 스피드, 임팩트에서 클럽 페이스의 위치 그리고 클럽의 입사각에도 영향을 주게 되어 매우

중요합니다.

두 번째 스탠스(Stance)는 목표 방향으로 서는 에임(aim)과 관련이 있고 볼의 방향성에 주로 영향을 주게 됩니다. 대부분의 골퍼들이 가장 소홀히 하는 프리스윙(Pre-Swing) 동작 중에 하나입니다.

세 번째 그립(Grip)은 클럽 페이스가 열리고 닫히는 데 영향을 많이 주기 때문에 볼이 날아가는 방향에 많은 영향을 주게 됩니다. 그러므로 그립의 형태, 위치, 악력 그리고 정확성을 유지하여 스윙의 종류에 따라 일관성 있게 잡아야 합니다.

1. 자세(Posture)

골프 코스 1번홀 홀 티잉 그라운드(teeing ground)에 티를 꽂고 난 후 제일 먼저 시작되는 골프 어드레스의 첫 동작이 자세입니다. 바로 골프 스윙의 첫 시작점입니다. 당연히 생각이 많아지게 되고 긴장이 돼서 온몸에 힘이 들어가게 됩니다. 골프의 시작점은 바디의 회전 운동이라고 벤 호건(Ben Horgan)은 말했습니다. 바디의 회전 운동을 잘하기 위해서는 허리의 척추각이 잘 유지되어야 합니다. 그리고 몸의 균형을 유지하기 위해서 힙(hip)과 척추의 아랫부분에 힘이 주어져야 합니다. 골프 스윙에서 힘의 중심축이 흔들리면 안 됩니다. 힘의 스윙 축이 흔들리면 모든 골프 스윙은 수포로 돌아가게 됩니다. 스윙 전 가장 중요하게 여기는 것은 그립이라고 말을 하기도 합니다. 그립은 여러 형태가 존재합니다. 잡는 방법도 다양하고 손의 위치도 각각 다릅니다. 이 그립은 샷의 종류에 따라 변화를 주어야 합니다. 그러므로 그립보다 중요한 것이 자세(Posture)입니다.

자세 (Posture)

❖ 골프 클럽을
  오른손으로 잡고
  정면을 바라본다.
❖ 왼손을 아랫배 위에
  올려 놓고 힙을 뒤로
  민다.
❖ 이때 무릎의 윗부분
  허벅지를 약간
  구부린다.
❖ 양 어깨 등선이
  펴지도록 해준다.

From Golf Magic, Rory McIlroy

실제 여러분들도 골프 자세를 취할 때 힙을 뒤로 밀면서 복식 호흡을 하듯 아랫배를 끌어올리고 무릎 위 허벅지를 살짝 굽히면 힙과 척추 아래쪽에 힘이 많이 들어가게 되는 것을 느끼게 됩니다. 대부분의 골퍼들이 자세 그러면 목표를 향해 나란히 서는 것에만 주로 신경을 씁니다. 그러나 훨씬 더 중요한 것은 스윙하는 동안 몸의 균형을 잃지 않고 바디(허리)가 잘 회전될 수 있도록 뒷받침되어야 합니다.

골프 자세(Posture)를 취하는 방법입니다.

• 골프 클럽을 오른손 한 손으로 잡고 고개는 정면을 바라보고 똑바로 선다.
• 왼손을 아랫배 위에 올려 놓고 힙을 뒤로 민다.
• 이때 복식 호흡을 하듯 아랫배를 끌어올리고 무릎이 앞으로 나오지 않도록 무릎 위 허벅지를 살짝 구부린다.
• 양 무릎의 힘은 안쪽 방향으로 주도록 한다.

- 체중은 양발에 균등하게 실리도록 한다.
- 고개는 숙이지 말고 가능한 한 위로 든다.
- 양어깨 등선이 펴지도록 해 준다.
- 머리, 어깨, 척추, 힙(hip) 라인이 일직선이 되도록 펴 준다.
- 왼쪽 팔은 쭉 펴져 있고 오른팔은 힘을 빼고 약간 굽어지게 한다.

클럽을 들고 티잉 그라운드(teeing ground)에 들어서면 스탠스(Stance)를 맞추거나 그립(Grip)을 잡기 전 반드시 이 자세(Posture)를 먼저 취해야 합니다. 그러면 나중에 그립(Grip)을 잡을 때 양손에서 힘이 빠지고 부드럽게 그립을 잡을 수 있습니다.

그러나 많은 골퍼들이 티잉 그라운드(teeing ground)에 들어서면 제일 먼저 그립 잡기에 여념이 없습니다. 그립을 잘 잡아야 볼이 똑바로 날아갈 것 같은 신념 아닌 신념을 가지고 있습니다. 그립을 먼저 잡게 되면 그립의 형태나 손의 위치는 잘 잡을 수 있지만 양손에서 힘을 빼고 부드럽게 잡기가 어렵습니다. 양손에 힘이 들어가면 양어깨가 안으로 움츠러들게 되고 결국은 양어깨가 굽어지게 됩니다. 이렇게 되면 양손과 양어깨에 힘이 들어가서 스윙을 할 때 바디(허리) 회전이 잘 안 되어 스윙의 중심축 유지가 매우 어렵습니다.

골프 스윙에서 양팔은 몸과 클럽을 연결시키는 역할을 합니다. 두 팔은 몸과 클럽 사이에 가까이 붙여서 일체감을 갖도록 해야 합니다. 그러기 위해서 가슴과 겨드랑이 부분은 밀착되도록 해 주는 게 좋습니다. 자세(Posture)를 잡을 때 왼쪽 팔꿈치는 왼쪽 갈비뼈를 가리키게 하고 오른쪽 팔꿈치는 오른쪽 갈비뼈를 가리키도록 하면 됩니다. 양 팔꿈치는 가능한 한 가까워야 합니다. 양 팔꿈치 앞부분은 마주 보지 않고 하늘을 향하도록 하고, 이때 왼팔은 펴져 있고 오른팔은 약간 굽어져 있어야 합니다. 백스윙 시작할 때 오른쪽 팔꿈치는 거의 움직이지 않고 지면을 향해 있어야 합니다. 이때 오른팔 윗부분이 겨드랑이에 밀착되어 있으면 오른쪽 팔꿈치가 지면을 바라보게 하는 데 도움이 됩니다.

양팔과 몸이 일체가 된 자세(Posture)는 백 스윙, 다운 스윙 과정에서 각 근육의 조절을 쉽게 해 줍니다. 또한 허리의 회전에 대한 통제의 역할도 하며, 허리가 적당한 정도로 돌아가는 것을 허용하지만 반면에 과도하게 돌아가는 것을 방지하기도 합니다. 이렇게 일체감 있는 자세로 스윙을 하면 백 스윙에서 다운 스윙으로 이어질 때 마치 기계처럼 일관성 있는 스윙이 가능해집니다.

양 무릎을 구부릴 때는 힙을 뒤로 밀면서 무릎 위 허벅지를 살짝 구부려서 무릎을 편안하게 해 주면 됩니다. 몸의 무게 중심은 발가락 쪽이 아닌 발뒤꿈치에 약간 많이 두는 게 좋습니다. 이때 머리, 어깨, 척추, 힙 라인이 일직선이 되도록 펴져 있어야 합니다. 이렇게 하면 스윙할 때 양 무릎의 움직임이 최소화되고 안정되며 바디의 코일링(coiling)을 증가시킬 수 있습니다. 이때 오픈 스탠스를 취했기 때문에 오른쪽 무릎은 왼쪽 무릎이 오른쪽으로 향하는 것보다 약간 더 왼쪽으로 향하게 한다. 그러면 백 스윙에서 오른쪽 다리에 힘의 축을 만들기 쉽고 바디 코일링을 증가시킬 수가 있습니다.

골프 자세(Posture)는 인스윙(In-Swing) 동작 즉 백 스윙이 시작되기 전까지 반드시 그대로 유지되어야 합니다.

2. 스탠스(Stance)

스탠스(Stance)는 골프 스윙을 하기 위해 취하는 양발의 위치를 의미합니다. 인스윙(In-Swing)을 하는 동안 몸의 중심이 이동되기 때문에 안정된 스윙을 하기 위해서는 적절한 양발의 간격을 유지해야 합니다. 여기서 스탠스를 맞출 때 위에서 먼저 취해 준 골프 자세가 변형되지 않도록 주의해야 합니다.

스탠스(Stance)를 취할 때 기본적으로 고려되는 사항은 양발의 폭, 적절한 무릎의 굽힘, 양발이 놓이는 각도입니다.

스탠스(Stance)는 오픈 스탠스가 좋습니다. 오픈 스탠스(Open Stance)는 왼발의 발끝을 목표 방향으로 25도 정도 열어 주고 오른발은 타겟 방향과 90도가 되게 합니다. 이때 체중은 양발에 50:50으로 균형 있게 해 주고 양 무릎 안쪽에 힘을 주어 몸의 중심이 잘 유지되도록 합니다. 왼발을 약간 열어 주면 바디 회전이 잘되어 부상을 방지할 수도 있고 클럽의 스윙 스피드도 늘어나 비거리에도 도움이 됩니다.

스탠스는 목표 방향과 나란히 서는 에임(aim)과도 밀접한 관련이 있습니다. 에임(aim)은 볼의 방향성에 영향을 미치게 됩니다. 스탠스의 넓이는 골퍼들의 키에 따라 차이가 날 수 있습니다.

스탠스 (Stance)

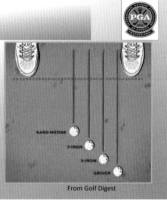

❖ 드라이버 샷을 하기 위한
　 스탠스는 175cm 정도의 키라면
　 양 발의 안 쪽이 양 어깨의
　 바깥쪽과 같을 정도로 선다.

❖ 클럽이 짧아 질수록 양 발의
　 넓이는 좁아 져야 한다.

❖ 이때 왼발은 약간(25도 정도) 열어
　 준다.

From Golf Digest

스탠스(Stance)를 취하는 방법입니다.

- 드라이버 샷을 하기 위한 스탠스는 175cm 키라면 양발의 안쪽이 양
  어깨의 바깥쪽과 같을 정도로 선다.
- 클럽이 짧아질수록 양발의 넓이는 좁아져야 한다.
- 이때 왼발은 약간(25도 정도) 열어 준다.
- 체중은 양발에 50:50으로 가게 한다.
- 양 무릎 안쪽에 힘을 주어 자세를 안정되게 한다.
- 양손의 위치는 몸에서 주먹 한두 개 정도 떨어지게 한다.

　클럽에 비해 양발의 간격이 너무 넓으면 몸의 균형을 유지하는 데는 도움이 되나 바디를 회전하는 데에는 방해가 됩니다. 바디의 회전이 원활하지 않으면 스윙 스피드를 증가시키기 어려워 비거리 증대에 도움이 안 됩니다. 반면에 너무 좁게 서면 바디의 회전은 잘될 수 있으나 몸의 균형을

유지하기가 어렵습니다. 골프의 핵심은 바디 회전이므로 스탠스는 불편하지 않을 만큼 좁게 서는 게 골프 스윙에 도움이 되며 이는 클럽 회전을 빠르게 할 수 있어 비거리에도 도움이 됩니다.

많은 일반 골퍼들이 자세(Posture)와 스탠스(Stance)라고 하면 자기가 겨누는 타겟을 향해 단순히 정렬하는 준비 단계 정도로 단순하게 생각하는 경향이 있습니다. 그러나 그보다 훨씬 중요한 내용을 함축하고 있습니다. 올바른 자세와 스탠스는 힘의 균형을 잘 유지해서 인스윙(In-Swing) 동안 힘차고 일관된 스윙을 할 수 있게 해 주므로 매우 중요합니다. 좋은 스윙은 바디 전체를 통해 균형이 잘 잡혀 있어야 하고 모든 근육이 조화를 이뤄 유기적으로 움직여야 합니다. 자세(Posture)와 스탠스(Stance)는 인스윙(In-Swing)에서 쏟아붓는 모든 에너지의 손실이 없도록 바디의 균형이 뒷받침되어야 합니다.

올바른 자세(Posture)와 스탠스(Stance)는 백 스윙(Backward Swing)할 때 오른쪽 무릎과 허벅지 안쪽에 쉽게 힘이 가서 허리의 회전량을 통제하므로 스윙 축이 잘 유지됩니다. 이는 또한 백 스윙에서 골반의 움직임이 통제되어 바디를 안정시켜 주며, 오버 스윙과 바디의 리버스 피봇(reverse pivot)도 방지해 줍니다.

자세(Posture)와 스탠스(Stance)는 다운 스윙(Forward Swing)에도 영향을 미칩니다. 오른발이 오픈되어 있다면 백 스윙에서 오른쪽 골반이 지나치게 뒤로 밀리게 되면서 오른쪽 다리 안쪽으로 형성되어야 하는 힘의 축을 유지하기가 어려워 바디가 흔들리게 됩니다. 이는 다운 스윙에서 바디 (허리)의 회전을 어렵게 하여 클럽을 유연하게 끌어내릴 수 없게 됩니다. 또한 왼쪽 발을 열어 주지 않고 직각으로 서면 바디(허리)의 회전이 어렵게 되고 이는 무릎에 힘이 많이 가게 되어 자칫 부상으로 이어질 수도 있습니다. 왼쪽 발을 열지 못하면 다운 스윙의 팔로우 스루(follow through)에서 피니쉬(Finish)로 이어지는 동작이 부드럽지 못하고 클럽 회전에 방해가 됩니다.

반대로 왼발을 25도 정도 오픈해 준다면, 다운 스윙에서 바디(허리) 회전이 잘되어 강한 힘으로 볼을 칠 수 있으며 비거리 증대에 많은 도움이 됩니다. 오른발, 왼발을 여느냐 열지 않느냐가 별것 아닌 것 같지만, 이로 인해 인스윙(In-Swing)을 잘할 수도 있고 못할 수도 있기 때문에 스윙의 결과는 많은 차이를 가져오게 됩니다. 이는 우리 몸의 모든 근육이 다른 근육과 연결되어 있기 때문입니다. PGA 교과서에서도 비거리를 늘리려면 근육을 조화롭게 사용해야 한다고 말하고 있습니다.

다운 스윙(Forward Swing) 동안 양팔 중에 어느 한 팔은 항상 펴져 있어야 합니다. 이유는 같은 스윙 동작을 하더라도 스윙 아크(arc)를 최대로 만들어 주어 비거리를 증가시키려면 양팔 하나는 항상 쭉 펴져 있어야 합니다. 다운 스윙에서 팔이 굽어지면 스윙 아크(arc)만 작아지는 게 아니라 클럽 헤드 스피드가 현저히 느려지게 됩니다. 이유는 스윙 축(dynamic axis)이 왼쪽 무릎과 골반, 가슴으로 이어지는 왼쪽 사이드로 옮겨가지 못하고 힘이 양손과 양팔에 남아 있기 때문입니다.

올바른 자세(Posture)에서 뻗어진 왼팔은 백 스윙 동안 항상 뻗어져 있어야 하고, 오른팔 팔꿈치는 지면을 향해 굽어져 있어야 합니다. 다운 스윙 때도 임팩트까지 왼팔은 쭉 뻗어져 있어야 하고, 왼쪽 허벅지 앞에서 경첩 운동(hinge movement)과 함께 임팩트 후 1m 지점부터 반대로 왼팔은 팔꿈치가 접히며 오른팔은 차츰 펴져서 팔루우 스루(follow through)

가 끝날 때까지 펴져 있어야 합니다. 백 스윙에서는 왼팔이 펴지고 오른팔이 굽어지는 것과 반대로 팔로우 스루(follow through)에서는 왼팔이 굽어지고 오른팔이 펴지게 좌우 대칭이 되도록 해 주어야 합니다.

올바른 자세(Posture)와 스탠스(Stance)를 취할 때 골퍼는 몸과 양다리 그리고 양팔이 제 역할을 다할 수 있고 스윙 축도 잘 유지되어 힘의 균형을 잃지 않는 일관된 스윙을 구사할 수 있습니다.

3. 그립(Grip)

그립은 프리스윙(Pre-Swing)의 마지막 단계로 자세(Posture)를 먼저 잡고 스탠스(Stance)를 취한 후 마지막 순서로 그립(Grip)을 잡는 게 좋습니다. 이유는 잘 만들어진 자세와 스탠스를 유지하여 그립과 양어깨에 힘을 빼고, 바디(허리)의 회전을 이용하여 부드러운 스윙을 하기 위해서입니다.

만들어진 골프 자세와 스탠스를 변형시키지 않고 그대로 유지한 채 양손으로 부드럽게 그립을 잡아야 합니다. 이유는 그립을 먼저 잡게 되면 양손에 힘이 많이 들어가고 또한 양어깨에도 힘이 들어가 등이 굽어지게 됩니다. 이는 스윙 동작에서 양어깨의 근육이 경직되어 스윙에 많은 방해 요소로 작용하게 됩니다.

그립은 몸과 골프 클럽의 연결을 결정 짓는 과정이고 장소입니다. 그러므로 생물과 무생물이 만나는 곳이기도 합니다. 여기에서 골프채를 어떻게 잘 다룰지가 결정됩니다. 그러므로 그립의 중요성은 아무리 강조해도 지나치지 않습니다.

그립은 골프 클럽 회전의 궤도나 임팩트에서 클럽 페이스의 위치를 결정하게 됩니다. 그러므로 이에 따른 볼의 방향과 비거리에 많은 영향을 미칩니다. 그립을 양손으로 잡을 때 내려 잡거나 올려 잡으면 클럽 길이의 변화를 가져오게 됩니다. 그립을 잡을 때 손을 시계 방향 혹은 시계 반대 방향으로 하는 것은 임팩트에서 클럽 페이스 각도에 영향을 주게 됩니다. 이는 볼이 날아가는 방향에 절대적인 영향을 미치게 됩니다. 그립의 악력은 스윙 과정에서 타이밍, 속도, 그리고 클럽 페이스 조절에도 영향을 주게 됩니다.

그립은 각 샷마다 똑같이 잡을까요?

스윙의 종류에 따라 약간씩 변화를 주는 게 좋습니다.

그러면 어떤 그립을 어떻게 잡아야 할까요?

그립 잡는 방법은 보통 다음과 같이 3가지 방법이 있습니다.

그립 종류 (Grip Type)

❖ 텐 핑거 그립
  (Ten Finger Grip)

❖ 오버래핑 그립
  (Overlapping)

❖ 인터록킹 그립
  (Interlocking)

From Golf Magazine

첫 번째 텐 핑거 그립(Ten Finger Grip)은 양손의 네 손가락을 이용해 잡는 그립으로, 일찍 골프를 배우는 학생들이 주로 사용합니다. 그러나 양손의 일체감을 갖기가 어려워 스윙 과정에서 양손에 힘이 많이 들어가 바디를 이용하여 클럽을 회전시키기가 매우 어려운 단점이 있습니다.

두 번째 오버래핑 그립(Overlapping Grip)은 가장 일반적으로 널리 이용되는 그립 형태입니다. 오버래핑 그립은 양손의 그립 악력을 분리하기가 매우 쉽습니다. 골프 스윙에서 오른손잡이가 왼손에 장갑을 끼는 이유가 왼손의 힘을 강화하기 위해서입니다. 오버래핑 그립은 왼손을 사용하는데 다른 어떤 그립보다도 왼손에 힘을 주고 회전하기가 쉽습니다. 왼손을 힘 있게 잘 사용하는 것은 비거리와 방향성에도 매우 유익합니다. 그래서 예외적인 경우가 아니라면 오버래핑 그립을 추천합니다.

세 번째 인터록킹 그립(Interlocking Grip)은 왼손의 검지 손가락과 오른손의 새끼손가락을 꼬아서 잡는 것을 말합니다. 이 그립 방법은 왼손과 오른손의 힘의 비중이 3:7 정도로 오른손에 힘이 강해져서 다운 스윙할 때 오른손에 힘이 과도하게 들어가게 됩니다. 그러므로 왼손과 팔이 상대적으로 약해져서 오른팔 위주로 스윙을 하게 되는 결과를 초래하게 됩니다. 또한 일명 헤드 업도 자주 일어나게 되어 샷 실수로 부상의 염려도 상대적으로 큽니다. 오른손에서 힘을 빼기가 어렵다는 치명적 단점을 갖고 있습니다. 그러나 로리 맥킬로이 선수처럼 먼저 바디를 충분히 회전해 주면 힘 있는 오른손도 충분히 잘 활용할 수 있습니다. 그러나 일반 골퍼가 로리 맥킬로이 선수처럼 바디를 잘 사용하고 오른손을 적절히 이용하기가 여간 어려운 일이 아닙니다.

오버래핑 그립(Overlapping Grip)

좋은 그립은 양손이 일체가 되어 움직여야 합니다. 현재까지 표준 그립은 오버래핑 그립(Overlapping Grip)입니다. 이는 영국의 해리 바든 선수가 영국과 미국에서 일반화시킨 그립으로 알려져 있습니다.

오른손잡이인 골퍼는 당연히 왼손이 오른손보다 힘이 없습니다. 처음부터 오른손이 왼손보다 강한 그립을 잡거나 스윙 도중에 오른손이 지배적으로 작용하여 스윙의 전체 과정을 오른손에 의존하게 되는 경우에는 양손의 조화로운 그립을 기대할 수 없게 됩니다. 로리 맥킬로이, 타이거 우즈 그리고 잭 니클라우스가 잡는 인터록킹 그립(Interlocking Grip)은 양손을 조화롭게 사용하기가 어렵습니다. 이런 어려움을 극복하려면 보다 확실한 바디의 움직임이 뒷받침되어야 하고 백 스윙과 다운 스윙에서 오른손과 팔의 절제가 요구됩니다. 양손의 그립을 견고히 잡기 위해서 필요한 것은 왼손의 중지, 약지, 새끼손가락으로 클럽을 단단히 잡고 그립 초기부터 왼팔에 필요한 힘을 확보해야 합니다.

오른손은 왼손에 비해 상대적으로 힘을 빼고 가볍게 잡아서 오른손 검지가 팔로우 스루(follow through)에서 클럽의 강한 회전을 만들어 낼 수 있도록 해야 합니다. 그립을 잡을 때 양손이 같은 정도의 힘을 쓰도록 노력해야 합니다. 어느 한쪽이 지배적으로 작용하면 스윙은 무너지게 됩니다. 오른손의 엄지손가락과 집게손가락은 오른쪽 팔의 바깥쪽과 팔꿈치를 따라서 오른쪽 어깨로 이어지는 근육과 연결되어 있으므로 백 스윙에서 과도하게 움직이면 백 스윙에서 여러 오류를 범하게 됩니다. 오른손은 백 스윙과 다운 스윙의 임팩트 전까지는 가능한 한 절제하고 오직 임팩트 이후 릴리스할 때만 사용한다고 생각하는 게 좋습니다.

오버래핑 그립(Overlapping)

❖ 왼 손등을 목표를 향하게
   하고 위에서 잡는다.
❖ 오른손은 생명선을
   중심으로 옆에서 잡는다.
❖ 이때 양손의 검지와
   중지 사이는 띄운다.
❖ 왼손의 검지 위에
   오른손의 새끼 손가락을
   올려 놓는다.

From Golf Magazine

오버래핑(Overlapping) 그립으로 잡는 방법은 다음과 같습니다.

- 왼 손등을 목표를 향하게 한다.
- 그립이 왼 손바닥 아랫부분 근육에 닿게 하고 그 그립이 집게손가락 첫째 마디에 걸치도록 한 후 나머지 손가락을 잡는다.
- 오른 손바닥 생명선이 왼손 엄지에 닿도록 하고 오른손 검지로 그립을 감아 쥔다.
- 이때 양손의 검지와 중지 사이를 반드시 띄운다.
- 오른손의 새끼손가락은 왼손의 검지 위에 올려놓는다.
- 왼손의 악력은 중지, 약지, 새끼손가락에 힘을 주어 잡아서 이때 왼팔에 힘이 가도록 한다.
- 오른손은 집게손가락 하나에 악력을 두고 잡는다.
- 오른손의 중지와 약지는 클럽 회전에 방해가 되므로 힘이 가지 않도록 주의한다.

- 왼쪽 팔은 쭉 퍼져 있고 오른팔은 힘을 빼고 팔꿈치가 지면을 향하도록 한다.
- 스트롱 그립을 잡을 때는 엄지와 집게손가락이 만드는 브이(V) 자 모양이 오른쪽 어깨를 향하도록 한다. 드라이버나 페어웨이 우드 샷을 할 때 적합하다.
- 뉴트럴(neutral) 그립을 잡을 때는 엄지와 집게손가락이 만드는 브이(V) 자 모양이 턱을 향하도록 한다. 숏 아이언 샷을 할 때 사용하면 좋다.
- 위크(weak) 그립을 잡을 때는 엄지와 집게손가락이 만드는 브이(V) 자 모양이 왼쪽 어깨를 향하도록 한다. 어프로치 샷이나 벙커 샷을 할 때 사용하면 클럽의 과도한 회전을 방지할 수 있다.

그립은 한 가지 형태인 오버래핑 그립으로 잡지만 샷의 스트롱 그립 (Strong Grip), 뉴트럴 그립(Neutral Grip), 위크 그립(Weak Grip)으로 양 손의 위치에 변화를 주면서 자주 잡아 보는 연습을 하는 게 바람직합니다. 왼손 중지, 약지, 새끼손가락에 힘을 주면 왼팔에 힘이 강화되어 클럽 회전을 잘됩니다. 또한 클럽을 백 스윙 탑에서 안정되게 유지해 주며 다운 스윙에서 클럽이 빠져나가지 않고 끌려오게 됩니다. 오른손의 집게 손 가락은 다운 스윙의 팔로우 스루 과정에서 릴리스할 때 집게손가락의 첫 번째 마디 안쪽으로 강하게 밀면서 회전하면 클럽이 잘 돌아갑니다.

그립을 잡을 때 양손의 위치에 따라 뉴트럴 그립(Neutral Grip), 위크 그립, 스트롱 그립으로 분류됩니다.

그립 위치 (Grip Position)

❖ **뉴트럴그립**
(Neutral Grip)

❖ **위크 그립**
(Weak Grip)

❖ **스트롱 그립**
(Strong Grip)

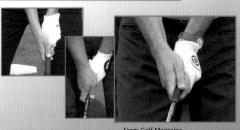

From Golf Magazine

첫 번째 뉴트럴 그립(Neutral Grip)은 왼손과 오른손을 서로 마주 보며 잡는 그립 방법입니다. 위크 그립(Weak Grip)과 스트롱 그립(Strong Grip)의 중간에 위치한 그립이라고 생각하면 됩니다. 양손의 엄지와 검지가 만들어 내는 브이(V) 모양이 턱을 향하도록 해야 합니다. 주로 숏 아이언 샷을 할 때 많이 사용합니다. 클럽의 길이가 짧아지는 숏 아이언은 클럽 헤드 무게가 무거운 관계로 뉴트럴 그립을 사용하면 과도한 클럽 회전을 방지할 수 있습니다.

두 번째 위크 그립(Weak Grip)은 오른손 손등이 왼쪽을 향하게 하고 왼손 손등도 타겟을 바라보도록 잡는 방식입니다. 양손의 엄지와 검지가 만들어 내는 브이(V) 모양이 왼쪽 어깨를 향하도록 합니다. 클럽 페이스의 과도한 회전을 막을 수 있으며 주로 그린 주변에서 어프로치 샷이나 벙커 샷을 할 때 많이 사용합니다. 숏 게임 어프로치 샷을 할 때는 가능한 한 위크 그립을 사용하면 과도한 클럽 회전을 막아 주어 볼의 방향성을 유지하는 데 많은 도움이 됩니다.

세 번째 스트롱 그립(Strong Grip)은 왼손은 위에서 아래를 덮듯이 왼손 손등이 오른쪽으로 회전하여 잡고 오른손은 손바닥이 하늘을 보듯 옆에서 붙이며 잡는 방식입니다. 이때 생긴 엄지와 검지의 브이(V) 모양이 왼쪽 어깨를 향해 있어야 합니다. 양손으로 클럽을 적게 회전하여도 클럽이 잘 회전될 수 있는 그립입니다.

스트롱 그립(Strong Grip)

스트롱 그립으로 어드레스를 하고 손을 내려다봤을 때 왼손 등이 가장 많이 보이게 됩니다. 내려다본 시선에 왼손의 중지 너클(knuckle)이 보여야 합니다. 양손의 회전은 최소화하고 바디의 회전만으로도 충분히 좋은 스윙을 구사할 수 있는 장점이 있습니다.

스트롱 그립(Strong Grip)은 왼손은 위에서 아래로 덮으면서 왼손 손등을 오른쪽으로 회전하고 오른손은 손등이 지면을 향하게 하고 옆에서 붙이며 잡는 방식입니다. 이때 생긴 엄지와 검지의 브이(V) 모양이 반드시 왼쪽 어깨를 향해 있어야 합니다.

드라이버나 페어웨이 우드 그리고 유틸리티 클럽을 스트롱 그립으로 잡으면 양손의 과도한 회전 없이도 클럽을 잘 회전시킬 수 있습니다. 짧은 시간에 바디를 이용하여 클럽을 회전해야 하는 골프 스윙의 속성 때문에 과도한 손의 사용 없이도 클럽을 잘 회전시킬 수 있는 그립입니다. 임팩트에서 왼 손목이 굽어 있는(bowed left wrist) 외전을 만들어 내기도 쉽습니다. 그러므로 긴 클럽으로 샷을 할 때는 스트롱 그립(Strong Grip)을 잡는 것을 추천합니다.

스트롱 그립 (Strong Grip)

❖ 왼손은 위에서 아래로 잡는다.

❖ 오른손은 오른쪽 옆에서 잡는다.

❖ 스트롱 그립을 잡을 때는 엄지와 집게손가락이 만드는 브이(V) 자 모양이 오른쪽 어깨를 향하도록 한다.

From Golf Magazine

다시 한번 강조하지만 인스윙(In-Swing)에 들어가기 전에 준비하는 동작인 프리스윙(Pre-Swing)의 순서는 자세(Posture), 스탠스(Stance) 그리고 그립(Grip)의 순서를 반드시 지켜 부드러운 다운 스윙을 할 수 있게 해야 합니다. 순서를 지키면 몸에 힘이 들어가는 것도 방지할 수 있고 그립을 잡는 양손에서 힘을 빼는 데도 도움이 됩니다.

제3장

인스윙(In-Swing)

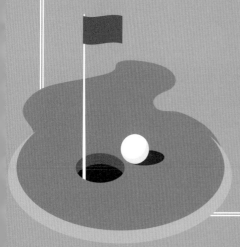

인스윙(In-Swing)은 실제 볼을 치는 동작으로 지금까지 프리스윙(Pre-Swing)에서 준비된 어드레스 자세를 백 스윙(Backward Swing)과 다운 스윙(Forward Swing)으로 연결하여 볼을 치는 과정을 말합니다.

인스윙 동작은 백 스윙(Backward Swing)과 다운 스윙(Forward Swing)으로 구분됩니다.

인스윙(In-Swing) 메커니즘 속에 일어나는 용어와 그 의미들에 대해서

알아보겠습니다.

스윙 플레인(swing plane)은 백 스윙과 다운 스윙을 할 때 클럽 샤프트와 양팔이 그리는 궤적을 말합니다. 이 궤적이 인 사이드 아웃이냐 아니면 아웃 사이드 인이냐로 결정됩니다. 그래서 스윙 플레인은 볼이 날아가는 방향성과 밀접한 관련이 있습니다.

스윙 아크(swing arc)에서 아크의 폭(arc width)은 양팔이 펴져 있는 정도로 아크의 크기가 결정되며, 아크의 길이(arc length)는 백 스윙에서 다운 스윙까지 클럽 헤드가 지나가는 길이에 의해서 결정됩니다. 스윙 아크의 폭이 크고 아크의 길이가 길수록 비거리는 늘어나게 됩니다. 다운 스윙 과정에서 그립의 악력이 너무 강하지 않게 잡아야 큰 아크를 만들어낼 수 있습니다.

왼 손목의 위치(left wrist position)는 백 스윙 탑에서 펴져 있는 게 좋습니다. 다운 스윙으로 임팩트에 도달할 때까지도 펴져서 내려와야 합니다. 손목의 위치는 볼의 방향성과 밀접한 관련이 있으므로, 임팩트 순간에도 펴져 있는 상태로 왼 손등이 타겟을 향해 있어야 합니다.

레버 시스템(lever system)은 다운 스윙할 때 왼팔과 클럽 샤프트의 각도를 말합니다. 이것은 클럽 헤드의 속도를 늘리는 데 필수적이며 비거리를 내는 데 아주 중요합니다. 그러므로 임팩트 때까지 최대한 레버를 유지하면서 임팩트를 만들어 내도록 해야 가속도로 인한 클럽 헤드 스피드가 늘어나게 되고 그 결과로 비거리가 늘어나게 됩니다.

타이밍(timing)은 최적의 스윙을 만들어 내기 위해 바디와 클럽의 시간에 따른 적절한 동작을 말합니다. 발과 무릎, 골반, 어깨와 팔 그리고 손으로 이어지는 동작의 연속성을 잘 유지해야 하며, 이는 비거리뿐만 아니라 볼의 방향에도 영향을 주므로 일관성 있는 스윙을 위해 매우 중요합니다.

릴리스(Release)는 임팩트 후에 바디를 중심으로 팔, 손 그리고 클럽을 팔로우 스루(follow through)로 이어지게 만드는 동작으로 볼의 방향을 결정하는 데 중요한 요소로 작용합니다. 타겟 라인을 향해 릴리스를 잘해야 하며, 특히 릴리스할 때 클럽 헤드가 타겟 라인 안쪽으로 들어오면 훅이 날 확률이 높아지게 되므로 조심해야 합니다.

다이나믹 밸런스(dynamic balance)는 다운 스윙할 때 바디의 중심을 유지하기 위한 적절한 체중 이동을 말합니다. 다운 스윙에서 몸의 균형 유지는 아무리 강조해도 지나치지 않으며, 볼의 방향은 물론 비거리를 내는 데 무엇보다도 중요합니다. 몸의 균형을 잃으면 힘 있게 볼을 칠 수가 없고 볼은 엉뚱한 방향으로 날아가게 됩니다.

다이나믹 엑시스(dynamic axis)는 백 스윙과 다운 스윙에서 힘의 중심축을 말합니다. 다이나믹 엑시스(dynamic axis)란 단어는 고정된 축이 아니라 몸이 계속 움직일 때 항상 유지되어야 하는 힘의 중심축을 의미합니다. 이 중심축이 유지되지 않으면 다이나믹 밸런스(dynamic balance)를 잃게 되고 클럽 헤드의 원심력을 만들어 내는 구심점을 상실하게 되어 스윙 스피드의 저하로 비거리에 치명적입니다. 백 스윙에서는 오른쪽 허벅지, 무릎, 발 안쪽에 중심을 두는 게 좋으며, 다운 스윙에서는 왼쪽 무릎, 골반 그리고 가슴으로 이어지는 왼쪽 사이드에 힘의 중심축을 유지해야 원심력을 이용한 최고의 스윙 스피드를 만들어 낼 수 있습니다.

스윙 센터(swing center)는 바디의 상체와 어깨 그리고 양팔을 회전할 때의 스윙의 중심을 말합니다. 이는 바디의 유기적인 연결 동작과 밀접함으로 상체 스윙의 중심을 유지하는 것은 볼의 방향이나 비거리와도 밀접한 관계가 있습니다.

임팩트(Impact)는 클럽 헤드에 모든 에너지를 동원하여 볼을 치는 동작을 말합니다. 즉 볼을 치는 순간 동작을 의미하며, 이 동작은 볼의 방향과 거리에 결정적 영향을 주게 됩니다.

다운 스윙의 핵심은 시작부터 끝까지 스윙 축(dynamic axis)을 유지하면서 바디 회전을 이용하여 레버리지(Leverage, 지렛대의 원리와 같이 기계적인 힘의 이익을 활용하기 위한 동작), 왼 손목의 구부러짐(bowed left wrist) 혹은 외전(운동에서 손목과 팔을 밖으로 내뻗는 동작), 릴리스(Release, 팔로우 스루 구간에서 클럽을 회전하는 동작) 과정을 거쳐 피니쉬(Finish)로 마무리됩니다.

이때 다운 스윙은 임팩트까지는 바디, 양팔과 손 그리고 클럽 헤드 순서로 회전하고 임팩트 전후부터는 역으로 클럽 헤드, 양팔과 손 그리고 바디의 순서로 회전해서 원심력과 가속도를 최대로 끌어올려야 비거리를 늘릴 수 있습니다.

경첩 운동(hinge movement) 즉 클럽이 스윙 축 위에서 회전되는 위치는 반드시 양손이 왼쪽 무릎 앞에서 이루어져야 볼의 방향성과 비거리를 일정하게 유지할 수 있습니다.

백 스윙은 임팩트를 위한 준비 동작입니다. 반면에 다운 스윙은 볼을 타격하는 동작입니다. 볼을 타격하는 동작인 다운 스윙이 가장 어렵고 구현해 내기 어렵습니다. 이유는 0.5초도 안 되는 짧은 시간에 힘의 균형을 유지한 채 정확한 동작을 일관성 있게 만들어 내야 하기 때문입니다.

인스윙에서 제일 중요한 부분은 바디(허리) 회전입니다.

인스윙에서 바디(허리)의 코일링과 언코일링만 잘해 주면 스윙의 80%

는 해결된다고 해도 과언이 아닙니다. 그만큼 허리 회전이 중요합니다.

인스윙을 연습할 때 어드레스 자세에서 양 팔꿈치를 허리에 단단히 붙이고 온전히 배꼽을 중심으로 바디의 코일링(coiling)과 언코일링(uncoiling)을 반복 회전하는 연습을 하면 바디가 어떻게 움직이는지를 간단하면서도 효과적으로 느낄 수 있습니다.

그다음은 정상적으로 어드레스를 한 후 온전히 바디의 코일링(coiling)과 언코일링(uncoiling)만으로 허리 회전을 충분히 이용하여 볼을 치는 연습을 하는 것입니다. 인스윙(In-Swing) 동안 어떤 동작을 취하든 허리의 회전이 잘되어야 합니다.

From Golf Digest, Ben Horgan

골프 스윙은 눈으로 보는 것처럼 그렇게 쉽게 해결되지 않습니다. 골프 실력을 빠른 속도로 향상시키기 위해서는 골프 스윙의 힘을 만들어 낼 수 있는 스윙 매커니즘을 먼저 이해해야 합니다. 골프 스윙 메커니즘을 이해하면 일관성 있는 골프 스윙 동작을 구현해 내기가 훨씬 쉽습니다.

홀륭한 골프 스윙을 만들고 유지하기 위해서는 먼저 본능적 사고를 멀리하라고 말하고 싶습니다. 그냥 손으로 강하게 쳐서 멀리 보낼 수 있다는 단순한 생각을 버리는 게 좋습니다.

골프는 14개의 서로 다른 클럽을 상황에 따라 잘 사용해야 하는 복잡한 운동입니다. 거기에 또 골프 볼의 성격도 잘 이해하고 있어야 합니다. 더 나아가 변별력 높은 골프장에 따라 샷의 구성도 달라져야 합니다.

이러한 변화무쌍한 환경에서 일관성 있는 스윙을 구사하기 위해서는 힘의 법칙에 근거해서 양손이 아닌 바디의 움직임이 최우선이 돼야 합니다. 몸의 균형이 무너지지 않는 안정된 스윙을 해야 합니다. 즉 스윙 축이 무너지면 안 됩니다.

골프 스윙은 바디를 회전시켜 발생하는 원심력에 의한 가속도 운동입니다. 비거리를 증가시키기 위해서 관성 모멘트를 최대한 살려 주어야 합니다. 양손의 힘을 이용하여 볼을 강하게 치는 동작은 관성 모멘트의 증가에 역효과를 가져오게 되어 클럽 헤드 스피드의 저하로 이어지게 됩니다.

먼저 바디가 회전하면서 발생하는 원심력과 중력 가속도를 최대한 이용해야 적은 에너지로 클럽을 빨리 회전시켜 볼을 멀리 칠 수 있습니다. 가속도를 증가시키기 위해서는 중력과 원심력에 의해 발생된 관성 모멘트를 최대한 늘려야 합니다. 회전되는 골프 클럽을 손으로 꽉 잡고 있으면 관성 모멘트가 늘어나지 않습니다. 그러면 헤드 스피드의 저하로 비거리가 줄어들게 됩니다.

골프 스윙은 몸과 팔, 손이 클럽을 움직이면서 바디의 코일링(coiling)과 코킹(cocking)으로 이어지는 백 스윙 탑을 만든 후 다운 스윙 때 바디 즉 허리 힘을 이용해서 코일링(coiling)되었던 바디를 풀면서 바디의 힘,

왼팔과 손 그리고 클럽으로 이어지는 회전의 속도를 최대한 끌어올려 원심력을 극대화해야 합니다.

골프 스윙에서 힘의 중심축은 백 스윙에서는 오른쪽 허벅지 무릎과 발의 안쪽으로 중심축을 만들어 주어야 하며 반면에 다운 스윙에서는 왼쪽 발, 무릎, 골반 그리고 가슴으로 이어지는 라인이 힘의 중심축(dynamic axis)을 견고히 유지해 주어야 합니다. 몸의 중앙이 아닙니다. 그러므로 백 스윙과 다운 스윙은 좌우 대칭이 아닙니다. 그래서 인스윙(In-Swing)에서 힘의 중심축은 허리의 오른쪽에서 왼쪽으로 30cm 정도 이동되어야 합니다.

골프 스윙은 몸을 이용하여 골프 클럽을 회전시키는 운동입니다. 바디의 스윙 축을 유지하는 게 무엇보다도 중요합니다. 인스윙(In-Swing) 동안은 다른 어떤 동작보다 정확한 타이밍이 요구됩니다. 백 스윙 탑에서 정확한 동작이 만들어져야 하며 다운 스윙으로 이어지는 레버리지를 만들고, 임팩트 존(zone)에서 왼쪽 어깨의 회전과 왼 손등과 손목이 약간 굽어 있는 외전 상태를 유지하고 팔로우 스루(follow through) 구간에서 양 손을 강하게 회전하면서 지면 반력과 함께 왼쪽 무릎과 허벅지를 펴면서 피니쉬 동작까지 한 번에 이루어지도록 클럽을 회전시켜야 합니다.

프리 샷 루틴(Pre-Shot Routine)

인스윙(In-Swing)을 시작하기 전 예비 동작을 프리 샷 루틴(Pre-Shot Routine)이라고 합니다. 프리 샷 루틴은 샷을 하기 전 골퍼가 각 샷을 효과적으로 준비하고 샷을 하는 데 있어서 감정을 통한 멘탈(mental)을 관리하기 위해 디자인되어 있습니다. 또한 샷의 결과보다 게임에 100% 집중하는 데 초점이 맞춰져 있으며 이는 아주 효과적입니다.

프리 샷 루틴 방법으로는 올바른 스윙 플레인(swing plane)으로 스윙을 해서 샷의 결과가 좋을 것이라는 긍정적인 생각을 해야 합니다. 스윙을 자연스럽게 연습장에서 했던 그 스윙 그대로 할 수 있도록 노력해야 합니다.

프리 샷 루틴을 하는 순서입니다.

- 볼이 놓여 있는 위치를 확인한다.
- 바람의 방향, 볼이 놓인 위치의 경사면, 온도, 습도, 코스의 고도 등을 감안하여 샷의 목표 지점까지의 거리를 계산한다.
- 샷의 가장 적합한 형태를 선택한다.
- 라이(lie)와 샷의 거리 그리고 계획했던 샷의 타입에 따른 정확한 클럽을 선택한다.
- 실제 스윙을 하기 위한 연습 스윙을 한다.
- 코와 입으로 심호흡을 해 준다.
- 목표 지점에 볼이 날아가 안착되는 이미지를 상상한다.
- 실제 타겟 지점과 나란하게 서기 위해서 볼 뒤에 서서 볼 앞의 1-3m

임시 타겟을 정하고 에임(aim)한다.

- 임시 타겟과 직각이 되도록 클럽을 놓고 어드레스를 취한다.

- 어드레스를 취한 뒤 클럽으로 웨글(waggle) 동작을 한다.

- 스윙에 대한 중요 부분만 생각하고 부드럽고 자연스럽게 스윙하도록 한다.

- 계획한 스윙을 100% 믿고 그대로 스윙한다.

백 스윙(Backward Swing)

백 스윙은 어드레스에서 이루어진 동작을 볼을 치기 위해 뒤로 높이 양 손으로 클럽을 들어 올리는 동작입니다. 이 백 스윙의 핵심은 바디 코일 링(body coiling)입니다.

> "백 스윙에서 가장 중요한 것은 우측 손목을 꺾어 주고 그대로 올려 주는 것입니다."
>
> - 로리 맥킬로이

백 스윙(Backward Swing)은 다운 스윙보다 비교적 움직임이 빠르지 않은 정적인 움직임에 속합니다. 그러므로 할 수 있는 한 천천히 느리게 하는 것이 좋습니다. 골프 교습을 하다 보면 치킨 윙 혹은 오버 스윙의 경우 대부분 빠른 백 스윙이 주된 원인인 경우가 많습니다.

백 스윙 동작을 시작하기 전 몸의 긴장을 풀기 위해 클럽을 흔드는 웨글(waggle) 동작을 많이 하는데 이때 웨글(waggle) 동작만 봐도 그 사람의 백 스윙 모습을 예측할 수 있습니다. 그러므로 웨글(waggle)도 실제 스윙의 축소판처럼 해 주는 게 바람직합니다.

백 스윙의 핵심은 바디 코일링(body coiling)입니다. 바디의 코일링(body coiling)은 다운 스윙 때 몸의 원활한 회전을 통해 볼의 비거리와 방향성에 많은 기여를 하기 때문에 스윙의 힘을 키우기 위해서 반드시 필요합니다. 바디 코일링을 잘하기 위해서는 백 스윙할 때 손이나 팔이 아닌 바디를 먼저 회전시켜야 잘할 수 있습니다.

백 스윙(Back Swing)

바디(허리)
코일링
(Body Coiling)

From Golf Digest, Rory McIlroy

일반적으로 양손과 팔 그리고 어깨를 일체감 있게 백 스윙을 해야 한다고 가르칩니다. 그러나 실제 스윙에서는 대부분의 골퍼들이 몸보다는 손과 팔을 몇 배 더 빠르게 움직이게 됩니다. 그러므로 백 스윙 시작부터 손과 팔의 움직임을 억제하고 허리의 회전부터 시작해야 백 스윙의 타이밍을 맞출 수 있습니다.

바디 코일링에 중점을 두고 백 스윙은 어떻게 하는 게 좋은지 알아보도록 하겠습니다.

1. 테이크 어웨이(Take Away)

바디 꼬임을 최대한 이끌어 내기 위해서는 먼저 허리를 오른쪽으로 회전하며 백 스윙을 시작합니다. 이때 오른쪽 허벅지, 무릎 그리고 오른발의 안쪽으로 이어지는 라인으로 백 스윙의 회전축이 만들어져야 합니다. 이 라인에 힘이 주어져야 백 스윙 회전축이 잘 형성됩니다.

그다음 회전축이 만들어진 위에 허리를 회전하면서 우측 손목을 꺾어주고 그대로 양쪽 어깨와 함께 시계 방향으로 회전하면서 오른쪽 어깨 위로 올려 주면 됩니다. 양 손목은 가능한 한 일찍 꺾어 주어 백 스윙의 타이밍이 늦지 않도록 해야 합니다. 테이크 어웨이(Take Away)가 시작되어 클럽 헤드가 시야에서 사라질 때까지 목표 반대 방향과 나란하게 지나가도록 해야 합니다. 많은 일반 골퍼들의 경우 테이크 어웨이 시작부터 클럽 헤드가 안쪽으로 빠지는 경우가 많습니다. 이것은 오른손에 힘이 너무 많아 손목의 코킹이 늦어지고 백 스윙 속도가 너무 빠르기 때문에 자주 일어나는 현상입니다. 백 스윙 때 양 팔꿈치의 간격은 어드레스 때의 팔꿈치 간격을 그대로 유지하고 있어야 합니다.

오른 손바닥의 생명선이 왼손 엄지를 누르면서 양손을 꺾으라는 말은 다른 말로 표현하면 손목의 코킹을 빨리 해 주라는 의미이기도 합니다.

양 손목의 코킹이 늦어지면 백 스윙 타이밍이 맞지 않아 양손의 움직임은 너무 빠르고 반대로 왼쪽 어깨 회전은 늦어져서 치킨 윙(chicken wing)이나 오버스윙을 하게 됩니다.

특히 인터록킹(interlocking) 그립을 하고 있는 골퍼는 오른손 엄지와 검지손가락에서 팔의 바깥쪽 그리고 오른쪽 어깨로 이어지는 근육의 힘을 최대한 억제해야 합니다. 테이크 어웨이(Take Away) 때 오른 손바닥의 생명선이 왼손 엄지를 누르면서 손목을 많이 꺾으면 오른쪽 팔꿈치가 지면을 향하게 되고 반면에 오른 손바닥을 하늘을 바라보게 되어 오른팔에 힘을 주기가 어렵게 되므로 올바른 백 스윙하는 데 많은 도움이 됩니다. 이는 다운 스윙 때도 임팩트까지 오른손 사용을 억제하는 효과를 주기도 합니다.

백 스윙 탑에서 왼팔은 똑바로 펴져 있어야 하며 오른손 손바닥의 생명선이 왼손 엄지를 밀어 올리듯이 하늘을 향해 있도록 해야 합니다. 이때 양어깨는 최대한 회전하고 양발의 움직임은 최소화해야 합니다. 몸의 회전 각도를 표현하자면 어깨는 90도, 허리는 45도 그리고 양발은 제자리에 있게 한다는 생각으로 하면 됩니다.

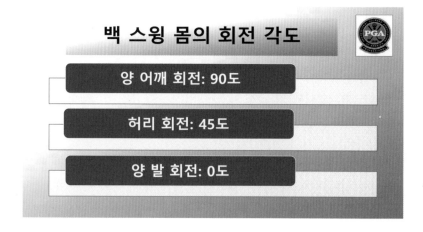

이와 같이 바디 코일링에 주안점을 둔 백 스윙 동작을 요약하면 다음과 같습니다.

- 백 스윙은 배꼽을 중심으로 허리를 오른쪽으로 먼저 회전한다.
- 이때 오른쪽 허벅지, 무릎 그리고 오른 발바닥 안쪽으로 이어지는 라인에 힘이 가도록 하여 백 스윙의 회전축을 견고히 만들어 준다.
- 그다음 오른 손바닥의 생명선이 왼손 엄지를 누르듯 양 손목을 코킹하면서 어깨 위로 올려 준다. 테이크 어웨이를 시작할 때 클럽 헤드가 시야에서 사라질 때까지 타겟 반대 방향과 나란하게 지나가도록 한다.
- 이때 왼쪽 어깨, 왼손 그리고 오른쪽 어깨로 힘을 전달하면서 시계 방향으로 백 스윙 탑까지 회전한다.
- 왼쪽 어깨는 돌릴 수 있는 만큼 최대한 턱 밑으로 돌려 왼쪽 등이 타겟을 바라보도록 한다.
- 이때 왼팔에는 힘을 많이 주어 쭉 펴지도록 하고 백 스윙 탑에서 왼팔은 볼을 향해 있어야 한다.
- 오른팔 팔꿈치는 지면을 바라보고 오른손 손바닥의 생명선은 왼손 엄지를 밀어 올리듯이 하늘을 향해 있어야 한다.
- 양팔의 팔꿈치는 안으로 조여 드는 느낌이 들게 하고 어드레스 때 간격을 그대로 유지하고 있어야 한다.

대부분의 골퍼는 자기가 백 스윙에서 어깨를 충분히 돌리고 있다고 생각합니다. 그러나 실제로 완전히 어깨를 회전하는 골퍼는 거의 없습니다. 완전히 어깨를 회전하지 못하는 주된 이유는 손이 먼저 백 스윙 탑에 도달해서 이에 타이밍상 바디가 따라가지 못하기 때문입니다. 이를 극복하기 위해서 먼저 허리를 돌려 줘야 합니다. 바디의 코일링을 만들어 내면 백 스윙 탑에서 오버 스윙이나 리버스 피봇(reverse pivot)도 방지할 수 있습니다.

다운 스윙 실수를 가장 많이 유발하는 백 스윙은 리버스 피봇(reverse pivot)입니다. 리버스 피봇(reverse pivot)은 오버 스윙으로 인해 몸의 중심축이 백 스윙 탑을 지나 왼쪽 발에 체중이 실리며 왼쪽 허리가 굽어지는 현상을 말합니다. 이는 골퍼가 흔히 말하는 캐스팅(casting) 동작을 유발하는 주된 원인입니다. 그러므로 백 스윙 탑에서 리버스 피봇(reverse pivot)은 꼭 피하도록 노력해야 합니다.

백 스윙(Back Swing)

❖ 백 스윙은 허리를 오른쪽으로 먼저 회전한다.

❖ 이때 오른쪽 허벅지, 무릎, 발바닥 안쪽에 힘을 주어 중심축을 유지한다.

❖ 오른 손바닥이 왼손 엄지를 누르듯 오른손을 코킹하면서 어깨위로 올려준다.

From Golf Magic, Roly McIlroy

백 스윙 과정에서 왼팔은 똑바로 뻗어져야 합니다. 왼팔이 뻗어져야 원만한 스윙 플레인(swing plane)을 만들면서 힘 있고 빠른 스피드로 볼을 칠 수 있습니다. 백 스윙에서 왼팔이 굽어지는 원인도 주로 양손과 어깨 회전의 타이밍이 맞지 않아 일어나게 됩니다. 왼팔이 굽어지면 다운 스윙에서 힘을 제대로 사용할 수가 없습니다. 백 스윙이 잘되었는가를 확인하려면 백 스윙이 완료되었을 때 왼쪽 어깨가 턱에 닿아 있는지 봐야 합니다.

백 스윙하는 동안 오른쪽 다리와 골반은 밀리지 않도록 오른쪽 발, 무릎, 허벅지 안쪽에 힘을 주고 하체의 중심축을 유지해야 합니다. 골반은 밀리면 중심축을 잃게 되어 스웨이(sway)가 날 수 있으므로 골반을 타겟 즉 왼쪽 방향으로 밀어 준다는 생각을 갖고 하면 백 스윙 과정에서 중심축을 잘 유지할 수 있습니다. 이 동작은 바디 코일링을 만드는 데 아주 중요한 역할을 합니다.

백 스윙에서 다리는 어드레스 때에 취한 모양을 가급적 유지하는 게 좋습니다. 그래야 백 스윙에서 몸의 균형을 유지하는 데 좋습니다. 백 스윙 때에 가능한 한 왼쪽 발꿈치를 들지 않고 몸의 회전에 맡겨 두는 게 바람직합니다. 백 스윙은 거시적으로 볼 때 하체는 고정하고 상체 위주로 바디의 코일링을 이끌어 내야 합니다.

백 스윙은 다운 스윙에 비해 정적인 운동이므로 천천히 하나하나 확인하면서 실행하면 잘못된 스윙을 충분히 방지할 수 있습니다. 서두르면 안됩니다.

다운 스윙(Forward Swing)

다운 스윙의 핵심은 백 스윙에서 만들어진 바디 코일링(body coiling)을 스윙 축(dynamic axis)을 중심으로 바디(허리)를 타겟 방향으로 풀어 주는 언코일링(uncoiling) 동작입니다. 다운 스윙(Forward Swing)은 모든 골프 스윙에서 가장 중요한 부분입니다. 이유는 선행된 모든 동작이 이 다운 스윙을 위한 예비 동작이기 때문입니다. 다운 스윙에서 최우선으로 해야 하는 동작은 백 스윙에서 꼬인 허리를 풀어 주는 동작 즉 언코일링(uncoiling)입니다. 다운 스윙 하나로 골프 볼의 방향과 비거리가 모두 결정되게 됩니다. 그리고 0.5초도 안 되는 짧은 시간에 가장 큰 힘을 사용하기 때문에 많은 스윙 문제가 여기서 발생하게 됩니다. 스윙이 진행되는 동안 타이밍도 잘 맞아야 합니다. 골프 레슨의 대부분이 다운 스윙에 할애되는 것도 그만큼 여러 문제가 발생하기 때문입니다.

그래서 드라이버를 쳤을 때 잘 맞은 볼이 하늘 높이 멀리 날아갈 때의 쾌감이란 이루 말할 바 없이 짜릿하게 느껴 지기도 합니다. 그러나 아무리 훌륭한 골퍼라고 할지라도 모든 샷마다 이런 쾌감을 느낄 수 있는 좋은 샷을 할 수 있는 것만은 아닙니다. 왜냐하면 이런저런 환경의 변화로 인해 골프 스윙에서 실수를 범하게 마련입니다. 하물며 어떤 골퍼는 18홀 동안 드라이버가 3번만 잘 맞아도 소원이 없겠다고 말할 정도입니다.

그러므로 항상 다운 스윙에서 꼭 지켜야 할 스윙 메커니즘의 기본 사항들을 숙지하고 확실히 몸에 익혀 두면 실수를 줄일 수가 있습니다. 골프에서 다운 스윙은 아무리 강조해도 지나치지 않습니다. 그러므로 과학에 근거한 스윙의 기본 이론을 잘 숙지하고 훈련을 게을리해서는 안 됩니다.

다운 스윙에서 클럽과 볼의 상관 관계에 대해서 알아보겠습니다.

다운 스윙은 최대한의 힘을 폭발적으로 사용해야 하기 때문에 시작부터 끝까지 스윙 축(dynamic axis)를 견고히 유지해야 합니다. 그 위에서 적절한 타이밍과 함께 레버리지, 임팩트, 릴리스 그리고 피니쉬(Finish)까지 관성 모멘트를 살려 리듬 있는 스윙을 해야 원심력을 최대한 끌어올릴 수 있습니다.

다운 스윙에서 클럽 헤드 스피드는 비거리에 절대적 영향을 미치므로 최대한 빨리 회전시켜야 합니다. 볼은 클럽 헤드의 중심에 맞도록 해야 합니다. 볼에 임팩트되는 모든 클럽의 각도는 하향 타격 즉 디센딩 블로우(descending blow)로 타격을 해 주어야 합니다. 그래야 임팩트에서 정타를 칠 확률이 높고 정확한 비거리를 만들어 낼 수 있습니다. 여기서 많은 골퍼들이 드라이버나 우드는 상향 타격을 하는 것 아니냐고 반문할 수도 있습니다. 그러나 이는 볼을 중앙에서 왼쪽으로 옮겨 놓았기 때문에 상향타격처럼 보인다고 이해하면 됩니다. 하향 타격은 볼의 백 스핀(back spin)에 많은 영향을 줍니다. 그린에서 볼을 부드럽게 안착시키려면 하향 타격을 하는 게 바람직합니다.

다운 스윙에서 클럽이 지나가는 경로는 임팩트 후 볼이 날아가는 방향에 영향을 주게 됩니다. 그러므로 드로우 샷을 구사하려면 임팩트에서 인사이드에서 아웃 방향으로, 반대로 페이드 샷을 치려면 아웃 사이드에서 인 방향으로 클럽 헤드가 지나가도록 해야 합니다.

임팩트에서 클럽 페이스의 각도는 볼의 회전에 영향을 주게 됩니다. 그래서 페이스가 열리면 볼이 땅에 떨어지기 전에 우측으로 휘게 되어 슬라이스 구질이 되고, 반대로 클럽 페이스가 닫히면 왼쪽으로 휘어지는 훅이 발생하게 됩니다.

다음으로 볼이 날아가는 비거리에 대해서 알아보겠습니다.

비거리에 영향을 주는 요소들은 클럽 헤드 스피드, 클럽이 볼에 맞는 각도 그리고 클럽의 스윗 스팟(sweet spot)에 맞는 정타에 따라 결정됩니다.

클럽 헤드 스피드를 증가시키기 위해서는 우선 신체적 힘이 강해야 합니다. 몸의 유연성과 함께 근육의 조화로운 움직임도 필요합니다. 그리고 다운 스윙에서 레버리지, 임팩트, 릴리스 그리고 피니쉬(Finish)로 이어지는 스윙 기술이 있어야 합니다. 이런 일련의 과정에서 레버리지를 이용하여 클럽 헤드 속도를 가속화해야 하며, 이를 위해 최대의 원심력이 발생할 수 있도록 해야 합니다.

클럽 헤드의 다운 블로우(down blow)로 맞는 볼은 많은 백 스핀을 발생시켜서 볼은 더 잘 뜨게 되지만 비거리가 줄어들 수도 있으나 비거리의 정확성을 가져올 수 있고 그린에서 볼을 정확히 안착시킬 수 있는 장점이 있습니다. 일반적으로 드라이버로 정타를 쳤을 경우 헤드 스피드가

100mph일 경우 볼은 250 yards 날아갑니다.

볼의 방향을 결정 짓는 요소들은 어떤 것이 있을까요?

볼의 방향은 클럽 헤드의 경로, 클럽 페이스의 위치, 입사각 그리고 로프트에 의해서 결정됩니다.

클럽 헤드의 경로는 주로 임팩트(Impact) 후 초기에 볼의 방향에 영향을 주며, 클럽 페이스의 위치는 볼의 회전에 영향을 주게 되어 그라운드에 볼이 떨어지기 전에 주로 영향을 주게 됩니다. 여기에서 클럽 헤드 스피드가 빠르면 빠를수록 클럽 헤드의 경로에 영향을 많이 받게 되며, 반대로 클럽 헤드 스피드가 느리면 느릴수록 클럽 페이스의 각도에 더 영향을 받게 됩니다. 즉 벙커 샷(bunker shot)이나 어프로치 샷은 주로 페이스에 영향을 많이 받게 되고, 상대적으로 드라이버 같은 경우는 클럽 경로에 보다 많은 영향을 받습니다.

물리학자 Theodore P. Jorgesen의 D-Plane 스윙 이론에 따르면 우리가 기존에 알고 있는 클럽의 경로와 클럽 페이스의 조합(combination)으로 이루어지는 9가지 경로 외에 클럽의 입사각과 로프트(loft)도 임팩트에서 볼의 회전축을 변화시키기 때문에 볼의 날아가는 방향에 영향을 준다고 합니다.

다운 스윙 시작부터 스윙이 마무리되는 피니쉬(Finish)까지의 과정을 구분해 보면 다음과 같이 4개의 구간으로 나눌 수 있습니다.

다운 스윙(Down Swing)

❖ 레버리지(Leverage)

❖ 임팩트(Impact)

❖ 릴리스(Release)

❖ 피니쉬(Finish)

From Golf Digest, Tiger Woods

첫 번째 레버리지(Leverage)는 백 스윙 탑에서 양손을 오른쪽 허리까지 끌고 내려오는 구간을 말합니다.

두 번째 임팩트(Impact)는 레버리지에서 임팩트로 이어지는 구간을 말합니다. 이를 임팩트 존(impact zone)이라고 부릅니다.

세 번째 릴리스(Release)는 임팩트에서 강하게 볼을 타격한 후 팔로우 스루(follow through) 구간을 통해 클럽 헤드를 보내 주는 동작을 말합니다.

네 번째 피니쉬(Finish)는 인스윙(In-Swing)의 모든 동작이 끝나는 지점입니다.

이 4개의 구간에서 적합한 동작을 만들어 내기 위해서는 무엇을 어떻게 해야 하는지, 각 구간마다 수행해야 하는 효과적인 스윙 동작에 대해 이야기해 보겠습니다.

2. 레버리지(Leverage)

레버리지(Leverage)는 백 스윙 탑에서부터 양손을 오른쪽 허리까지 끌고 내려오는 구간을 말합니다.

다운 스윙은 전체 과정 동안 스윙 플레인(swing plane)의 평면 위에서 이루어져야 합니다. 스윙 플레인이란 볼에 어드레스를 취했을 때 볼에서부터 양팔 그리고 양쪽 어깨를 연결하는 선을 말합니다. 백 스윙이든 다운 스윙이든 양팔과 클럽을 이 평면에 따라 스윙을 해야 합니다. 이 스윙 플레인대로 스윙이 이루어지면 레버리지 구간에서 클럽은 인사이드 아웃으로 자연스럽게 내려오게 됩니다. 이 스윙 플레인의 개념을 머릿속에 항상 가지고 있으면 올바른 스윙 궤도를 유지하는 데 많은 도움이 됩니다. 실제로 골프 교습을 하면서 이 문제를 반복적으로 강조해서 가르친 결과 놀라울 정도로 빠른 시간에 안정된 스윙을 구사할 수 있게 되었습니다.

스윙 플레인 (Swing Plane)

❖ 백스윙과 다운 스윙에서
   양팔과 클럽 샤프트가
   그리는 평면

❖ 스윙 플레인은 클럽의
   경로를 결정하여 볼의
   방향성에 영향을 준다.

From Ben Horgan's Five Lessons

스윙 플레인을 잘 유지하며 효과적인 레버리지를 만들어 내기 위한 방법입니다.

• 오른쪽 뒤꿈치를 밀면서 백 스윙에서 코일링(coiling) 되었던 바디(허리)를 언코일링(uncoiling)하며 회전한다.

• 동시에 체중은 자연스럽게 왼쪽 무릎과 허벅지로 옮겨지도록 한다.

• 백 스윙 탑에 있는 양팔과 손은 오른쪽 허리 옆으로 자연스럽게 끌려오도록 유도한다.

• 오른쪽 팔꿈치는 오른쪽 허리 부분에서 5cm 정도로 가깝게 붙어서 내려오도록 한다.

• 왼팔은 충분히 펴져서 클럽 샤프트와 90도 정도의 각도를 유지한다.

레버리지 (Leverage)

❖ 오른쪽 뒤꿈치를 밀면서 코일링 되었던 허리를 언코일링 한다.
❖ 양팔과 손은 백스윙 탑에서 오른쪽 골반 옆으로 자연스럽게 끌려 내려오도록 한다.
❖ 오른쪽 팔꿈치는 오른쪽 허리 옆 5cm 정도로 내려 오도록 한다.
❖ 왼팔은 충분히 펴져 있어야 하고 클럽 샤프트와의 각도는 90도를 유지 하도록 한다.

From Golf Digest, Dustin Johnson

이와 같이 하면 양손에 힘이 들어가지 않고 오른쪽 뒤꿈치와 허리의 회전에 의해 끌려 내려올 때, 왼쪽 팔과 클럽의 샤프트는 90도 정도의 각도를 이루게 됩니다. 바디(허리)를 언코일링(uncoiling)하면서 클럽을 끌어 내리면 캐스팅이 일어나 아웃 사이드 인으로 클럽이 내려오는 일은 절대 없습니다. 레버리지 동작을 오른쪽이 아닌 왼쪽 골반 중심으로 체중 이동을 하면 클럽 헤드가 빨리 내려오게 되므로, 손목이 일찍 풀리게 되어 레버리지 효과를 충분히 만들어 내기가 어렵고 또한 스윙의 타이밍을 맞추기가 어렵습니다. 그러므로 손목의 풀림을 방지하기 위해 오른쪽 뒤꿈치와 허리 회전으로 다운 스윙을 시작하는 것이 바람직합니다.

이와 같이 오른쪽 뒤꿈치와 골반이 볼을 향하여 회전하면 허리가 자연스럽게 돌면서 다운 스윙이 시작됩니다. 이때 왼쪽 골반과 허벅지에 체중이 실리면서 스윙의 중심축이 자연스럽게 왼쪽으로 이동하게 됩니다.

레버리지 위치로 허리가 회전하는 길은 백 스윙 때 허리가 회전하는 길과는 다소 차이가 있습니다. 이유는 백 스윙 때는 회전의 중심축이 오른쪽 허벅지, 무릎 그리고 발 안쪽에 있는 반면에 다운 스윙에서는 허리 회전의 중심축이 왼쪽 발, 무릎, 골반 그리고 가슴으로 이어지는 라인에 있기 때문에 힘의 회전축(dynamic Axis) 간격이 30-40cm 정도 차이가 나게 됩니다.

양손과 팔이 오른쪽 허리까지 내려오는 레버리지 구간에서 손이나 팔의 능동적 역할 없이 느린 동작으로 허리를 회전해 보면 양손과 팔이 오른쪽 허리 높이까지 자연스럽게 끌려 내려오는 것을 느끼게 될 것입니다. 이렇게 다운 스윙 시작은 손이 아닌 허리로 유도하는 연습을 통해 몸에 익숙하도록 해 주어야 합니다.

즉 허리가 회전하지 못하면 양손과 상체가 먼저 스윙을 리드하게 되어 아웃 사이드 인(outside to in) 스윙인 캐스팅(casting)이 발생하게 됩니다.

궁극적으로 다운 스윙에서 허리 회전이 잘 이루어지는 스윙을 하게 되면 샷의 새로운 기분을 느끼게 될 것입니다. 실제 투어 프로 선수들의 스윙 동작을 보면 백 스윙 탑이 완성되기도 전에 이미 하체를 이용하여 허리를 왼쪽으로 회전을 하는 것을 볼 수 있습니다. 그만큼 다운 스윙 시작은 오른쪽 뒤꿈치와 허리 회전으로 이루어지도록 해야 합니다.

다시 한번 강조해서 이야기하면 다운 스윙의 스타트(start)는 어떠한 경우에도 양팔과 손으로 시작해서는 안 됩니다.

3. 임팩트(Impact)

레버리지에서 임팩트로 이어지는 구간을 임팩트 존(impact zone)이라고 부릅니다. 말 그대로 여기서부터 볼을 치고 나가는 동작이 시작됩니다. 이 임팩트 존이야말로 골프 스윙에서 가장 중요한 구간이라고 말하고 싶습니다. 여기서부터 피니쉬(Finish) 구간까지가 비거리를 결정하는 구간이 됩니다.

임팩트 존(impact zone)은 레버리지(Leverage)에서 만들어진 동작을 임팩트까지 연결시키는 스윙 동작입니다

- 레버리지 구간까지 내려온 양손을 오른 손바닥의 생명선이 왼손 엄지를 밀고 왼손은 끌면서 볼 앞 10cm, 즉 왼쪽 무릎 앞까지 클럽을 끌고 내려온다. 이때 왼손목이 타겟을 향하도록 손목의 구부러짐(bowed left wrist) 혹은 외전(supinating)되어 있어야 한다.
- 이때 동시에 왼쪽 가슴을 뒤로 회전한다. 왼쪽 가슴이 타겟 방향으로 나가지 않도록 주의한다.
- 클럽이 돌아가는 경첩 운동(hinge movement)은 반드시 왼쪽 무릎 앞에서 이루어져야 한다.
- 임팩트에서 왼팔은 펴져 있어야 하고 오른팔은 약간 굽어 있어야 한다.

임팩트(Impact)

❖ 레버리지 구간까지 내려온 양손을 오른 손바닥의 생명선이 왼손 엄지를 밀면서 왼쪽 무릎 앞까지 클럽을 끌고 내려온다.
❖ 이때 왼손목이 타겟을 향하도록 굽어 있어야 한다.
❖ 동시에 왼쪽 가슴을 뒤로 회전한다.
❖ 클럽이 돌아가는 경첩 운동(Hinge Movement)은 무릎 앞에서 이루어 져야 한다.

From Golf Digest, Tiger Woods

레버리지 구간에서 만들어졌던 양손을 오른 손바닥의 생명선이 왼손 엄지를 밀고 왼손은 끌면서 동시에 왼쪽 가슴을 뒤로 회전합니다. 이렇게 하면 클럽은 관성 모멘트에 의해서 자연스럽게 끌려오면서 임팩트를 만들게 됩니다.

임팩트는 순식간에 이루어지는 동작이라 의식적으로 클럽 페이스를 조절할 수가 없습니다. 클럽 페이스를 조절하려고 하면 양손에 힘이 들어가 스윙 리듬을 잃어버리게 되어 볼이 엉뚱한 곳으로 날아갈 수도 있습니다. 올바른 임팩트 동작이란 레버리지부터 팔로우 스루(follow through)까지 아무런 제약 없이 한 번에 회전하도록 해야 합니다.

임팩트에서 왼 손목은 구부러지며(bowed left wrist) 이때 손등과 손목은 타겟 방향을 향해 있어야 합니다. 다시 말해 왼쪽 손목은 외전(supinating, 손목을 밖으로 내뻗는 동작)되어 목표를 가리키고 있어야 합니다. 훌륭한 골퍼들의 왼 손목은 임팩트에서 약간 튀어나와 있는 반면에 일반 골퍼는 왼 손목이 보통 오목(cupped)하게 들어가 있습니다. 미국 유명 프로 골퍼인 더스틴 존슨, 콜린 모리카와 선수의 영상을 보면 임팩트 순간에 왼 손목이 타겟을 향하여 굽어져 있는 것을 볼 수 있습니다.

실제 벤 호건은 그의 저서 "Ben Hogan's Five Lessons"에서 그의 선수 생활 초창기에 심한 훅(hook) 구질이 발생하는 스윙 문제를 가지고 있었는데, 임팩트에서 왼 손목이 구부러지는(bowed left wrist) 스윙 변화로 그의 악성 훅 구질을 없애게 되었다고 말합니다. 벤 호건이 이러한 스윙을 완성하게 되자 임팩트에서 왼 손목이 구부러지는 동작은 스윙의 정석처럼 굳어지게 되었습니다. 왼 손목이 굽어 있는(bowed left wrist) 외전 (supinating) 동작은 임팩트에서 클럽 페이스가 직각 혹은 약간 열리게 해 줍니다. 이 외전(supinating)은 볼이 일정하게 날아가도록 해 주며 볼의 백 스핀도 발생시켜 볼이 그린에 부드럽게 안착되게 합니다. 사실 이러한 동작을 취하게 되면 훅(hook) 구질이 발생하는 것은 거의 없습니다.

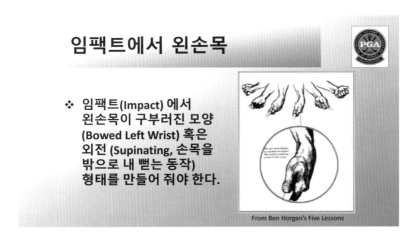

임팩트에서 손목이 굽어지는(bowed left wrist) 외전(손목을 밖으로 내

뻗는 동작) 동작은 팔로우 스루(follow through)에서 양팔이 잘 펴져서 큰 스윙 아크를 만들어 낼 수 있습니다. 이는 볼이 날아갈 때 강한 힘을 받게 되어 비거리 증가로 이어지게 됩니다. 또한 스윙 아크가 커지게 되면서 볼의 방향성에도 큰 도움이 됩니다. 이는 임팩트에서 뒤쪽이 아닌 볼 앞에 디봇(divot) 흔적을 남기는 역할도 합니다.

임팩트에서 손목이 굽어지는 외전은 핸드 퍼스트(hand first) 즉 클럽 헤드보다 양손이 왼쪽 무릎 앞에 도달하게 되어 궁극적으로 클럽의 로프트(loft)를 감소시켜(6번 아이언으로 5번 아이언과 같은 효과) 비거리를 증가시키게 됩니다. 또한 임팩트에서 볼을 힘 있게 칠 수 있고 볼에 최대의 백 스핀을 걸어 줄 수 있어 그린에서 볼을 최소한으로 구르게 하여 부드럽게 안착시키는 역할도 합니다.

반대로 임팩트에서 왼손 손목이 안으로 꺾이는(cupped) 내전(손목을 안쪽으로 구부리는 동작)이 되면 팔로우 스루(follow through)에서 클럽 헤드가 인사이드로 지나가게 됩니다. 이러한 스윙 궤도는 볼이 왼쪽으로 날아가며 혹이 발생하는 원인이 됩니다. 또한 이런 경우 스윙 아크가 작아져서 힘의 손실로 이어지게 되며, 스윙 스피드도 느려져서 비거리 손실의 원인이 되기도 합니다. 골퍼가 퍼팅할 때 왼손을 충분히 끌어 주지 못하면 왼 손목이 굽어져서(cupped) 볼이 왼쪽으로 가는 현상과 동일한 이치입니다.

이런 불합리한 스윙을 막기 위해서는, 먼저 임팩트에서 오른 손바닥의 생명선이 왼손 엄지를 밀고 왼손은 끌면서 양손이 무릎 앞까지 먼저 내려오도록 하여 샤프트가 타겟을 향하여 기울어져 있도록 즉 핸드 퍼스트(hand first)의 구조가 되어야 합니다. 충분한 체중 이동을 통한 왼쪽 무릎,

골반 그리고 가슴으로 이어지는 스윙 축을 반드시 유지해 주어야 합니다. 이렇게 하면 정확한 임팩트뿐만 아니라 스윙 아크(arc)도 커지게 되고 스윙 스피드도 증가되어 비거리도 늘어나게 됩니다.

4. 릴리스(Release)

릴리스는 임팩트에서 강하게 볼을 타격한 후 팔로우 스루(follow through) 구간을 통해 클럽 헤드를 보내 주는 동작을 말합니다.

클럽 헤드에 가속도를 높이기 위해 이 구간에서 최대의 원심력을 만들어 내야 합니다. 그립을 움켜쥐고 있는 동작을 해서는 안 됩니다. 원심력을 최대한 늘리려면 구심력의 축이 되는 스윙 축(dynamic axis)이 견고해야 합니다. 이 견고한 스윙 축을 바탕으로 지면 반력을 이용하여 왼쪽 허벅지를 펴면서 양손으로 클럽을 강하게 회전시켜 스윙 스피드를 최고조로 끌어올려야 합니다.

릴리스 (Release)

PGA

❖ 지면 반력을 이용하여 왼쪽 허벅지를 펴면서 양손을 강하게 회전한다.
❖ 왼쪽 허벅지를 펼 때 무릎은 목표 방향으로 골반은 뒤로 회전한다.
❖ 이때 오른팔은 최대한 펴지도록 한다.

From Golf Digest, Tiger Woods

임팩트 후 팔로우 스루(follow through) 구간으로 이어지는 릴리스를 할 때 필요한 동작입니다.

- 지면 반력을 이용하여 무릎 위 왼쪽 허벅지 중심으로 다리를 편다.
- 양손을 이용하여 클럽을 강하게 회전한다.
- 왼쪽 허벅지를 펼 때 무릎은 목표 방향으로 골반은 뒤로 가게 하면 바디(허리) 회전이 잘되어 클럽을 빨리 회전시킬 수 있다.
- 릴리스할 때 양팔이 완전히 뻗어지는 구간은 임팩트 후 1m 전방이 적당하다.
- 이때 클럽 헤드의 스윙 스피드가 최대가 되도록 한다.
- 허리는 골퍼의 배꼽이 타겟 라인보다 더 돌아가도록 회전한다.
- 왼 팔꿈치는 점차 접히도록 한다.
- 오른팔은 똑바로 펴져서 피니쉬(Finish)까지 이어지도록 한다.

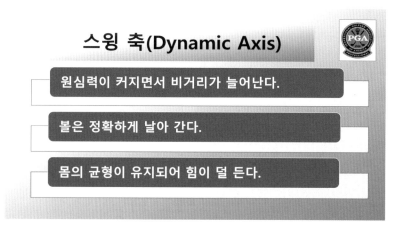

릴리스 구간에서 양손은 클럽을 강하게 회전하면서 스윙 아크를 크게 만들어 주면 클럽 헤드 스피드가 늘어나게 됩니다.

양손은 임팩트부터 팔로우 스루 구간까지 강하게 회전하여 팔로우 스루가 끝날 때는 왼 손바닥과 오른 손등이 하늘을 향해 있도록 해야 합니다.

5. 피니쉬(Finish)

피니쉬(Finish)는 인스윙(In-Swing)의 모든 동작이 끝나는 지점입니다. 이 피니쉬 동작을 잘 취하기 위해서는 끝까지 힘의 스윙 축을 잘 유지하고 있어야만 합니다. 스윙 축을 잘 유지하기 위해 왼쪽 가슴으로 마무리해 주면 보다 안정된 스윙 축을 만들 수 있습니다. 이때 모든 체중의 중심은 왼쪽 다리와 골반 그리고 가슴 위에 실려 있어야 합니다.

- 왼쪽 가슴을 최대한 회전시켜 스윙을 마무리한다.
- 왼쪽 팔꿈치는 똑바로 지면을 향하도록 한다.
- 오른쪽 어깨는 턱을 밀어 올리듯 회전한다.
- 바디의 중심축이 무너지지 않도록 왼쪽 허벅지와 골반에 체중과 힘이 남아 있도록 한다.
- 지나치게 힘을 주어 회전하기보다는 왼쪽 가슴으로 관성의 힘을 이용하여 부드럽게 끝까지 바디를 회전시켜 준다.

피니쉬 (Finish)

❖ 왼쪽 가슴을 최대한 회전시켜
   스윙을 마무리한다.

❖ 왼쪽 팔꿈치는 지면을 향하도록
   한다.

❖ 오른쪽 어깨는 턱을 들어 올리듯
   회전한다.

From Golf Digest, Tiger Woods

가슴을 최대한 회전시켜 스윙을 마무리하는 이유는 팔로우 스루(follow through) 구간에서 스윙 스피드를 늘리기 위해서 필요하기 때문입니다. 또한 왼쪽의 스윙 축을 끝까지 유지하면 원심력을 최대한 끌어내어 클럽 스피드도 증가시킬 수 있습니다.

피니쉬에서 왼쪽 팔꿈치는 지면을 향해 있어야 합니다. 클럽의 샤프트는 등 뒤에 45-60도 정도의 각도를 유지하도록 하면 됩니다.

'레버리지-임팩트-릴리스-피니쉬'로 이어지는 다운 스윙 메커니즘을 무력화시키는 주원인은 다운 스윙을 바디(허리)가 유도하지 않고 양손으로 리드하기 때문입니다. 궁극적으로 다운 스윙에서 바디(허리)는 상체보다 먼저 회전하도록 하고 그다음 상체가 뒤따라오도록 해야 타이밍을 맞출 수 있습니다.

벤 호건은 말했습니다. "두 손은 클럽을 쥘 뿐, 클럽을 휘두르는 것은 팔이다. 그리고 그 팔은 몸통에 의하여 휘둘러진다."

다운 스윙에서 골퍼의 양손이 오른쪽 허리 높이에 왔을 때 이미 바디의 버클은 볼을 향해 있도록 회전되어야 합니다. 왼쪽 다리의 무릎은 목표를 향하게 하고 골반을 뒤로 하며 지면 반력을 이용하여 허벅지를 최대한 펴면서 스윙 스피드를 끌어올려야 합니다. 피니쉬(Finish)에서 오른쪽 무릎은 왼쪽 무릎 가까이 붙여서 충분한 체중 이동과 바디가 회전되도록 해야 합니다.

마지막으로 다운 스윙에서 중요하게 생각하는 것 중의 하나는 스윙 축(dynamic axis)입니다. 다운 스윙은 짧은 시간에 온 힘을 가하는 동작이기 때문에 스윙 축을 유지하기가 어렵습니다. 이 스윙 축을 유지하지 못하면 클럽 헤드의 원심력과 가속도를 높일 수가 없습니다. 그러므로 다운 스윙 시작부터 피니쉬(Finish)까지 왼쪽 무릎, 골반 그리고 가슴으로 이어지는 스윙의 회전축을 끝까지 잘 유지되도록 노력을 기울여야 합니다. 그래야 힘찬 스윙을 할 수 있습니다. 스윙 축이 무너지면 볼을 올바른 방향으로 멀리 칠 수가 없습니다.

스윙 스피드를 극대화하기 위해서는 앞에서 언급한 4가지 동작이 연속적으로 한 번에 이루어져야 합니다.

바디 회전을 가장 효과적으로 연습하는 방법은 양 팔꿈치를 허리에 단단히 붙이고 백 스윙을 위해 오른쪽으로 허리를 회전하고 다운 스윙을 위해 왼쪽으로 허리를 두 배 이상 회전하는 연습을 하면 바디 회전의 느낌을 확실히 느낄 수 있으며 효과가 아주 탁월합니다.

실제 어프로치 샷 연습을 할 때 100% 허리로만 오른쪽으로 10cm 회전하고 반대로 왼쪽으로 20cm 회전하는 스윙을 해 보면 그 결과가 놀라울 정도로 정확하고 실수가 적습니다. 그만큼 다운 스윙에서 허리 회전이 중요하다는 반증이기도 합니다.

다운 스윙 동작을 할 때에 항상 '레버리지-보우(bowed left wrist)-릴리스' 이 세 단어를 생각하면서 한 번에 스윙을 하면 타이밍 맞추는 데 많은 도움이 됩니다.

포스트 샷 루틴(Post-Shot Routine)

이제 모든 스윙이 끝났습니다.

필드에서 매 샷이 끝나고 나면 해야 할 스윙 후의 루틴 동작에 대해서 알아보겠습니다. 포스트 샷의 루틴은 샷을 하고 난 후의 다음 게임의 과정에 집중할 수 있도록 하는 데 초점을 두고 있습니다. 포스트 샷 루틴은 각 샷의 결과에 대한 감정을 관리하고 받아들이는 데 도움이 됩니다.

- 두 눈을 감고 한두 번의 심호흡을 해 준다.
- 심호흡을 할 때 천천히 코로 들이마시고 입으로 천천히 숨을 내쉰다.
- 눈을 감고 숨을 천천히 들이마시고 내쉬는 이유는 감정을 조절하고 가라앉히는 데 효과적이기 때문이다.
- 근육을 완화시키는 방법으로는 주먹을 꼭 쥐고 팔을 앞으로 쭉 펴서 들어 올린 후 5초 동안 머물다 절반 정도 내리고 5초 머문 후 마지막 절반을 내린다.
- 샷의 결과와 상관없이 다음 프리스윙을 준비한다.
- 굿 샷이 나왔을 때는 즉시 스스로에게 긍정적인 말로 칭찬을 해 준다.
- 나쁜 결과의 샷이 나왔을 때는 반복되지 않도록 원인을 분석하고 평가를 해 준다. 원인을 확인하면 다음 샷을 정정할 수 있다.
- 샷의 거리와 바람을 잘못 계산했는지, 볼의 위치나 정렬이 잘못되지는 않았는지, 클럽 선택을 잘못한 건 아닌지, 스윙에 대한 잘못된 생각은 없었는지, 스윙에 대한 확신이 부족하지는 않았는지, 너무 강하게 치려고 오버 스윙을 한 것은 아닌지, 자연스럽지 못하고 스윙 매커니즘

에 집착하지는 않았는지, 마음이 흥분되거나 스윙이 너무 빠르지는 않았는지 등을 점검해서 다음 샷에 반복되지 않도록 준비를 한다.

"모든 훌륭한 골퍼들은 임팩트 때에
왼쪽 손이 클럽 헤드 보다 앞서 있다."
-Ben Hogan-

From Golf Digest, Dustin Johnson

제4장

숏 게임
(Short Game)

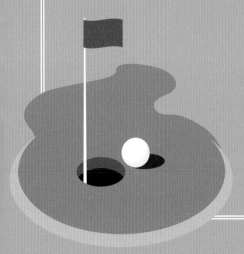

그린 주변에서 이루어지는 숏 게임에는 어프로치 샷(Approach Shot), 벙커 샷(Bunker Shot) 그리고 퍼팅(Putting)이 있습니다.

첫 번째 어프로치 샷(Approach Shot)은 그린 주변에서 비교적 짧은 거리를 위해 스윙을 해서 그린 위에 안착시키기 위한 샷으로 일반적으로 피치 샷과 칩 샷으로 구분합니다.

두 번째 벙커 샷(Bunker Shot)은 그린 주변에서 잔디가 아닌 모래 위에서 쳐서 그린 위에 볼을 올리는 샷입니다. 벙커 샷은 볼을 직접 치는 게 아니고 볼 뒤 2cm-5cm를 쳐서 모래와 볼을 동시에 그린에 올리는 것이 핵심입니다.

세 번째 퍼팅(Putting)은 골프 코스의 특수한 지역인 그린에서 볼을 굴려 홀 컵에 넣는 모든 홀의 마지막 골프 동작입니다.

벤 호건은 "골프 스코어는 그린 주의 70야드에서 결정된다."라고 말했습니다. 어느 정도 골프 구력이 있다면 공감이 가는 말일 것입니다. 실력 있는 골퍼들이 보다 많은 시간을 숏 게임 연습에 집중하는 것도 골프 스코어는 결국 70야드, 숏 게임에서 많이 결정되기 때문입니다.

숏 게임 (Short Game)

❖ 어프로치 샷
  (Approach Shot)

❖ 벙커 샷 (Bunker Shot)

❖ 퍼팅 (Putting)

From Pebble Beach Golf Links

1. 어프로치 샷(Approach Shot)

　그린 주변에서 피치 샷이나 칩 샷으로 그린에 안착시키는 스윙 테크닉입니다.

- 그립은 위크 그립(Weak Grip)이나 뉴트럴 그립(Neutral Grip)으로 잡는다.
- 바디의 코일링, 언코일링 동작을 최대한 활용한다.
- 풀 스윙처럼 레버리지-외전-릴리스의 기본 이론과 함께 바디 회전을 이용하여 스윙한다.
- 임팩트에서 왼 손목이 구부러지지 않게 외전되게 하며 왼쪽 가슴을 회전한다.
- 거리는 백 스윙 크기로 조절한다.
- 양손의 회전을 이용하여 클럽 헤드의 충분한 릴리스를 해 준다.
- 볼이 높이 날아가는 것은 전적으로 로프트(loft)에 맡긴다.
- 스윙 리듬을 유지하며 볼을 지나치게 올려 치거나 내려치지 않도록 한다.

비록 어프로치 스윙은 풀 스윙에 비해 작은 동작이지만 레버리지-외전-릴리스의 기본 이론을 똑같이 적용하는 스윙을 해야 한다고, 벤 호건은 그의 저서 "Ben Horgan's Five Lessons"에서 주장하고 있습니다.

웨지(wedge)는 클럽 헤드가 다른 어느 클럽보다 무겁기 때문에 바디 회전이나 왼 손목의 외전을 만들어 주지 못하면 중력과 작용 반작용의 힘이 발생해서 볼보다 뒤를 치는 경우가 많이 발생하게 됩니다. 풀 스윙처럼 바디 회전을 충분히 해서 핸드 퍼스트의 개념으로 스윙하는 게 좋습니다.

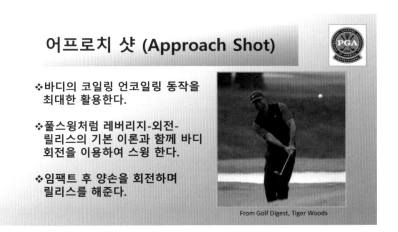

어프로치 샷은 칩 샷과 피치 샷으로 구분됩니다.

칩 샷은 그린에서 구르는 시간보다 공중에 떠 있는 시간이 적을 때를 말합니다. 피치 샷은 볼이 그린에서 구르는 시간보다 공중에 떠 있는 시간이 더 길 때를 말합니다. 어프로치 샷의 거리는 주로 백 스윙 크기에 의한 클럽 헤드 스피드에 의하여 결정됩니다.

칩 샷(Chip Shot)

- 칩 샷은 탄도가 낮게 날아간다.
- 볼의 위치는 오른발 안쪽에 위치하도록 한다.
- 그립은 위크 그립(Weak Grip)으로 잡는다.
- 칩 샷은 그린과 가까울 때 주로 이용한다.
- 스윙할 때 손목의 외전을 유지하기 위해 단단히 고정한다.
- 왼발의 스탠스는 열고, 보폭은 좁게 어드레스한다.
- 그립은 짧게 잡고, 바디의 체중은 왼쪽에 6:4 정도로 둔다.
- 바디(허리)의 회전을 최대한 활용한다.
- 임팩트에서 핸드 퍼스트 개념으로 클럽 헤드보다 양손이 먼저 앞으로 나가도록 한다.
- 기본적인 칩 샷은 레버리지-외전-릴리스를 연속성 있게 스윙을 한다.
- 양어깨를 이용하여 손목, 팔, 손이 견고하고 일체감 있게 스윙한다.

피치 샷(Pitch Shot)

- 피치 샷은 탄도가 높다.
- 비교적 그린으로부터 멀 때 피치 샷을 한다.
- 볼은 스탠스의 중앙에 오도록 한다.
- 그립은 뉴트럴 그립(Neutral Grip)으로 잡는다.
- 보다 많이 손목의 코킹을 해 주도록 한다.
- 풀 샷보다 스탠스는 좁게, 왼발은 약간 오픈해 준다.

- 그립은 짧게 내려 잡는다.
- 바디의 체중은 양발에 동일하게 둔다.
- 양손은 클럽 헤드와 나란하게 중앙에 위치하게 한다.
- 손목의 사용은 가능한 한 자제하고 바디(허리)의 회전을 최대한 활용한다.
- 백 스윙에서 손목의 꺾임을 최소한으로 한다.

그린 밖에서의 퍼팅(Putting)

- 퍼터를 어프로치 샷과 같은 어드레스를 취한다.
- 퍼터는 거의 수직으로 세우고 그립은 보다 손바닥 쪽에 견고하게 붙이고 발 앞쪽에 체중이 실리도록 한다.
- 수직으로 세워진 어드레스로 바디의 과도한 회전을 막아 주도록 한다.
- 양손과 그립은 퍼터 헤드보다 앞에 있게 타겟 쪽으로 기울인다.
- 퍼트할 때 양팔의 팔꿈치는 약간 굽어지도록 한다.
- 퍼트할 때처럼 양 손목은 굽어지지 않도록 단단하게 손목을 고정해 준다.

컷 샷(Cut Shot)

- 컷 샷(Cut Shot)은 높은 탄도의 샷으로 그린 위에서 많이 구르지 않고 부드럽게 안착시킬 목적으로 한다.
- 보통 그립은 스트롱 그립을 잡고 양손은 어드레스에서 볼보다 앞으

로 나가는 핸드 퍼스트 동작을 취한다.

- 이렇게 하면 클럽 페이스의 로프트를 감소시킬 수가 있다.
- 타겟보다 왼쪽을 향하여 어드레스를 취해 주고, 클럽을 잡기 전에 클럽 페이스를 열어 준다.
- 스윙 경로는 열린 스탠스와 평행이 되도록 스윙한다.
- 백 스윙은 팔과 손으로 하고 다운 스윙은 바디와 팔로 한다.
- 부드럽게 그립을 잡고 스윙을 해서 양손의 추가적인 노력 없이 클럽 페이스는 임팩트에서 직각을 이루도록 한다.

로브 샷(Lob Shot)

- 로브 샷(Lob Shot)은 거의 손을 쓰지 않고 주로 느리고 길게 스윙을 하여 팔로우 스루(follow through)에서도 높고 부드럽게 스윙을 이어가도록 한다.
- 볼의 위치는 중앙에서 약간 앞쪽에 놓는다.
- 그립은 단단히 잡는다.
- 양손은 왼쪽 허벅지 앞으로 나가기보다 바디의 중심에 매달려 끌려가듯 스윙을 한다.

플랍 샷(Flop Shot)

- 플랍 샷(Flop Shot)을 할 때 백 스윙 때 손목의 코킹을 많이 해 준다.
- 다운 스윙 때 가파르게 다운 블로우(down blow)로 스윙을 하도록 한다.

- 클럽이 볼에 임팩트될 때 골퍼의 왼 손목은 외전(supinating)되어 클럽 페이스의 로프트가 증가되도록 한다.
- 스윙은 클럽 페이스가 볼의 밑으로 미끄러져 나가듯 힘 있게 쳐 준다.

그린 주변의 불규칙한 경사면에서의 숏 게임(Short Game)

볼이 발보다 높을 때

- 볼이 왼쪽으로 갈 확률이 높으므로, 목표보다 오른쪽을 향하여 어드레스하거나 클럽 페이스를 열어 준다.
- 그립을 짧게 잡아 뒤 땅을 치는 샷을 방지해야 한다.
- 체중은 왼발의 앞쪽에 두어 어드레스 자세를 안정되게 취한다.

볼이 발보다 낮을 때

- 볼이 오른쪽으로 날아갈 확률이 높으므로, 목표보다 왼쪽을 향하여 어드레스를 취한다.
- 이때 클럽 페이스는 닫아 준다.
- 탑 볼이 나오지 않도록 체중은 뒤꿈치 쪽에 많이 두고 어드레스 자세를 평고보다 낮게 취한다.

오르막 경사

- 오르막 경사(uphill)지에서는 볼이 높게 날아가서 거리가 짧아질 수 있으므로 클럽은 로프트가 작은 긴 클럽을 사용하든지 아니면 평소보다 큰 스윙을 구사해야 한다.

- 또한 왼쪽으로 날아갈 확률이 높으므로, 목표보다 오른쪽을 향해 어드레스를 취해야 한다.
- 어드레스는 경사면과 수평이 되도록 하고 다운 스윙도 경사면과 평행이 되도록 스윙해야 한다.

내리막 경사

- 볼을 밀어치게 되어 오른쪽으로 날아갈 확률이 높으므로 에임(aim)은 목표보다 왼쪽을 향해 선다.
- 클럽 페이스는 닫아 준다.
- 탑볼이나 뒤 땅을 치지 않도록 조심해야 하며, 그러기 위해 볼의 위치는 중앙보다 약간 뒤쪽에 놓는 것이 좋다.
- 어드레스에서 무릎을 보다 많이 굽혀 자세를 낮게 하고, 경사면을 따라 스윙을 해야 한다.

2. 벙커 샷(Bunker Shot)

벙커 샷 테크닉(bunker shot technique)은 잔디가 아닌 모래 위에서 치는 샷으로 볼의 뒤쪽에서 모래와 함께 치는 것이 핵심입니다.

- 그립은 뉴트럴 그립(Neutral Grip) 혹은 위크 그립(Weak Grip)으로 변경해서 견고하게 잡는다.
- 스탠스는 타겟 라인 왼쪽을 향하도록 에임(aim)한다.
- 클럽 페이스(club face)는 타겟을 향하도록 한다.
- 양발은 미끄러지지 않도록 모래 속에 견고하게 묻는다.
- 볼은 중앙보다 왼쪽에 놓는다.
- 스윙은 U 자나 V 자 모양으로 볼의 뒤쪽 3-5cm 모래를 가파르게 친다.
- 왼쪽의 스윙 축을 견고하게 유지하고 바디(허리)의 회전을 충분히 활용한다.

벙커 샷 (Bunker Shot)

❖ 위크(Weak) 그립
❖ 스탠스는 타겟 라인 왼쪽으로 에임 한다.
❖ 클럽 페이스는 타겟을 향하도록 한다.
❖ 볼은 중앙보다 왼쪽에 놓는다.
❖ 볼의 뒤쪽 3-5cm 모래를 친다.

From Golf Digest, Tiger Woods

벙커 샷(Bunker Shot)은 모래와 함께 샷을 하기 때문에 상대적으로 거리 조절이 어렵습니다. 볼이 모래와 함께 잘 빠져나가지 못하기 때문에 일반 다른 스윙보다 백 스윙과 다운 스윙을 크게 해 주는 것이 좋습니다. 특히 팔로우 스루를 충분히 해 주어야 볼이 잘 뜨고 멀리 날아가게 됩니다. 다음은 벙커 샷의 거리에 영향을 주는 요소들입니다.

• 백 스윙의 길이: 백 스윙이 길면 길수록 짧은 스윙보다 힘을 많이 받아서 관성 모멘트가 커지게 되고 클럽 헤드 스피드가 빨라져서 멀리 날아가게 된다. 그래서 벙커 샷의 거리에 가장 크게 영향을 준다.

• 클럽 페이스(club face)의 입사각: 짧은 거리는 클럽 페이스의 입사각을 보다 가파르게 하고, 보다 긴 거리에서는 완만한 입사각으로 임팩트를 만들어 준다.

• 클럽 페이스(club face)의 위치: 짧은 거리에서는 클럽 페이스를 더

열어서 로프트(loft) 각도를 크게 해 주고, 반대로 보다 긴 거리에서는 클럽 페이스를 닫아 준다.

- 모래의 양: 클럽으로 볼 뒤에서 많은 양의 모래를 치면 비거리는 더 짧아지게 되며, 적은 양의 모래를 치면 더 멀리 날아가게 된다.
- 팔로우 스루(follow through): 팔로우 스루의 길이가 짧으면 임팩트에서 헤드 스피드가 감속되어 비거리가 짧아지게 되며, 반대로 팔로우 스루가 길어지면 헤드 스피드가 가속되어 관성 모멘트는 커지게 되며 거리는 보다 멀리 그리고 높이 날아간다.

벙커 샷도 일반 풀 스윙과 같이 충분한 바디(허리) 회전과 함께 정확한 클럽 페이스의 입사각을 만들어 주어야 합니다. 임팩트에서 체중이 왼쪽 허벅지에 오도록 해서 스윙 축을 견고하게 유지해야 하며, 어드레스에서 왼쪽을 향한 것과 같이 클럽 헤드도 스탠스와 평행으로 지나가도록 스윙해야 합니다. 그린 주변의 짧은 벙커 샷은 가능한 한 클럽 헤드의 바운스(bounce)를 이용하기 위해 샌드 웻지(sand wedge)를 사용하는 게 좋습니다.

3. 퍼팅(Putting)

From Golf Magazine

퍼팅 그립을 잡는 방법은 다음과 같이 세 가지로 나누어집니다.

오버래핑 그립(Overlapping Grip)

프로뿐만 아니라 일반 골퍼들도 가장 많이 사용하는 퍼팅 그립입니다. 오버래핑 그립은 보통 골프 클럽을 잡는 뉴트럴 오버래핑 그립 방법과 유사합니다. 단지 차이는 일반 골프 클럽을 잡을 때 오버래핑 그립에서는 오른손 새끼손가락이 왼손 검지 위에 올려놓는 반면에 퍼터 그립을 잡을 때는 왼손 검지를 오른손의 새끼손가락과 약지 위에 올려 놓는 점이 약간 다릅니다.

단점은 퍼팅할 때 오른손에 힘이 많이 가게 됩니다. 그래서 오른손 위주로 퍼팅을 하게 됩니다. 오른손이 주로 퍼팅을 리드하게 되면 과유불급이라고 퍼팅을 할 때 볼을 때리거나 밀면서 그립 악력이 강해지게 되어 퍼팅 리듬 조절이 어렵게 됩니다. 이것은 바로 퍼팅 실수로 이어지게 됩니다. 그린이 빠르고 경사면이 심한 곳에서는 주체할 수 없을 만큼 퍼팅의 난조로 이어지기도 합니다.

또한 왼손이 오른손보다 위에 있기 때문에 왼쪽 어깨가 오른쪽 어깨보다 위에 있게 됩니다. 따라서 스트로크 할 때 상체가 열리기 쉽습니다. 상체가 열리게 되면 숏 퍼팅에서 퍼터의 리듬을 잃어버리면서 퍼터 헤드가 열려서 볼이 오른쪽으로 휘어지는 결과를 낳게 됩니다.

오버래핑 그립은 오른손이 강해서 스트로크할 때 롱 퍼팅에서 왼 손목이 구부러지는(cupped) 현상이 자주 발생하게 되며 이때 볼은 왼쪽으로 자주 가게 됩니다. 퍼팅은 힘을 요하는 운동이 아닙니다. 퍼팅은 볼을 부드럽게 굴려서 홀 컵으로 유도해야 합니다.

이런 잦은 퍼팅 실수로 퍼팅의 중요성을 인식하고 퍼팅 수를 줄여서 70대 골퍼가 되기를 원한다면 세 번째로 기술하는 역 그립을 추천합니다.

집게 그립(Craw Grip)

집게 그립은 왼손은 일반 뉴트럴 오버래핑 그립과 같이 잡고 오른손은 엄지손가락을 펴서 퍼터 뒤를 받쳐 주고 나머지 네 손가락은 퍼터 위에 붙여서 그립에 밀착시키면 됩니다.

집게 그립은 오버래핑 그립 스트로크에서 왼손목이 구부러지는 (cupped) 실수를 자주 유발하는 골퍼들이 주로 사용합니다. 단점은 오른손을 옆에 대고 있어서 스트로크 할 때 힘의 감각을 느끼기가 어렵습니다. 그러므로 볼의 스피드 조절이 어렵습니다. 치명적 단점은 오른손을 퍼터 그립 옆에다 대고 있는 관계로 퍼터 리듬을 맞추기가 매우 어렵습니다. 이는 퍼팅의 볼 스피드 조절에 치명적입니다. 장점은 양 손목이 강하게 절제되어서 볼의 방향성이 매우 좋다는 것입니다.

역 그립(Left Hand Low Grip)

역 그립이라고 불리우는 크로스 핸드 혹은 레프트 핸드 로우라고 불리는 그립을 추천합니다. 잡는 방법은 오버래핑 그립의 반대로 잡으면 됩니다. 왼손을 아래로 하면서 뉴트럴 오버래핑 그립으로 잡고 엄지는 퍼터 그립 위에 그리고 오른손 엄지는 왼손 엄지 밑 그립 위에 나란하게 하고 오른손 검지는 왼손의 새끼손가락과 약지 위에 올려놓으면 됩니다.

양손의 위아래가 오버래핑 그립과는 반대로 변형되었기 때문에 오른쪽 어깨가 위로 가게 되고, 반대로 왼쪽 어깨가 아래로 내려오게 됩니다. 이는 상체가 열려서 헤드업이 되는 현상을 막아 주고 왼손 손목이 꺾이는 것도 막아 주게 됩니다. 그러므로 숏 퍼팅에서 안정적인 퍼팅을 하는 데 매우 유리합니다.

왼손을 아래로 잡기 때문에 오른손의 과도한 사용을 억제할 수 있으며,

퍼팅 스트로크 때 왼손목이 꺾이는 것을 방지할 수 있어 방향성 유지에 많은 도움이 됩니다. 퍼팅은 오른손으로 때리거나 밀어치기보다는 왼 손등과 양쪽 어깨를 이용하여 백 스윙에서는 밀고 다운 스윙에서는 끌면서 상향 타격을 해 주는 것이 바람직합니다.

전설적인 골퍼 잭 니클라우스가 사용해서 유명해지기도 했으며 역 그립은 오른손 개입을 최소화하고 손목의 움직임을 제한해 주는 효과가 있습니다. 그래서 숏 퍼팅에서 방향성 유지하는 데 탁월한 효과가 있습니다.

왼손이 아래로 내려가 있어 처음에는 적응하기가 쉽지 않다는 단점이 있으며 또한 장거리 퍼팅에서 왼손으로 거리를 맞추기가 어려운 단점도 있습니다. 그러나 왼 손등을 이용하여 밀고 그리고 끄는 개념을 살려서 훈련하면 단점보다는 훨씬 장점이 많기 때문에 쉽게 극복할 수 있습니다. 지금은 조던 스피스, 더스틴 존슨 그리고 넬리 코다 선수가 이 역 그립을 사용하고 있습니다.

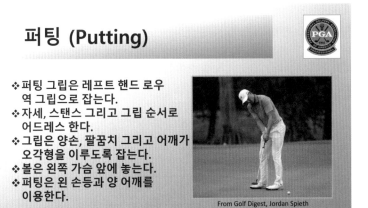

퍼팅 (Putting)

❖ 퍼팅 그립은 레프트 핸드 로우 역 그립으로 잡는다.
❖ 자세, 스탠스 그리고 그립 순서로 어드레스 한다.
❖ 그립은 양손, 팔꿈치 그리고 어깨가 오각형을 이루도록 잡는다.
❖ 볼은 왼쪽 가슴 앞에 놓는다.
❖ 퍼팅은 왼 손등과 양 어깨를 이용한다.

From Golf Digest, Jordan Spieth

퍼팅은 그린 위에서 하는 작은 행동으로 볼을 정확하게 굴리는 데 목적이 있으므로 양손의 절제가 많이 요구됩니다.

이런 퍼팅(Putting)의 주의할 점들은 다음과 같습니다.

- 퍼팅 그립은 레프트 핸드 로우인 역 그립으로 잡는다.
- 반드시 자세, 스탠스 그리고 그립 순서로 어드레스한다.
- 그립은 양손, 양 팔꿈치 그리고 양어깨가 오각형을 이루도록 한다.
- 퍼팅 어드레스는 타겟 방향과 나란하게 선다.
- 볼은 왼쪽 가슴 앞에 놓는다.
- 퍼팅은 왼 손등과 양어깨를 충분히 활용한다.
- 퍼팅 시선은 볼의 안쪽을 본다.
- 타겟을 향하여 퍼터 페이스는 직각을 이루도록 한다.
- 바디의 하체가 움직이지 않도록 한다.
- 퍼팅 스트로크는 가속되도록 백 스윙과 다운 스윙의 크기를 1:2의 비율로 한다.
- 임팩트는 퍼터의 스윗 스팟(sweet spot)에 맞도록 한다.
- 퍼팅 리듬을 일정하게 유지하며 상향 타격을 한다.

퍼팅 그린의 경사는 낮은 쪽에서 높은 쪽을 바라보고 파악할 때 더 쉽게 파악할 수 있습니다. 롱 퍼팅(long putting)의 경우에는 방향보다는 거리에 보다 많은 관심을 두고 퍼팅에 임해야 합니다. 대부분의 실수가 거리를 잘 맞추지 못해 발생하기도 합니다. 롱 퍼팅(long putting)을 할 때는 첫 퍼팅을 최대한 홀 컵(hole cup)의 1m 이내에 거리에 붙여야 한다는 생각으로 집중하는 것이 좋습니다. 홀까지의 거리는 자신의 발걸음으로 재는 것이 좋습니다. 10걸음 또는 20걸음에 대한 백 스윙의 크기를 정해 두면 퍼팅에 큰 도움이 됩니다.

제5장

스윙 메커니즘과
힘의 법칙

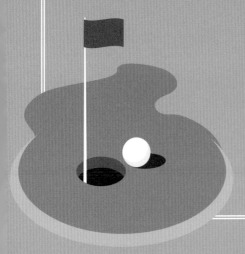

골프 스윙은 물리학, 기하학, 생체 역학 등 다양한 학문이 관여되어 원심력, 관성 모멘트, 중력, 가속도, 작용 반작용 등 힘의 법칙이 작용하는 운동입니다. 그러므로 여러 가지 힘의 법칙들이 골프 스윙에 영향을 미치게 됩니다. 힘의 법칙들을 잘 이해하고 골프 스윙에 접목시켜 활용하면 스윙 스피드는 현저히 빨라질 수 있고 스윙 리듬도 좋아지게 됩니다. 이 힘의 역학 관계를 이해하면 양손에서 힘을 빼야 한다는 논리가 무엇인지도 알게 됩니다. 골프는 힘을 빼서 스윙을 하는 게 아니고 관성 모멘트에 방해가 되는 힘을 가해서는 안 됩니다. 관성 모멘트의 속도를 증가시키도록 노력을 해야 안정된 골프 스윙으로 방향성과 비거리를 향상시킬 수 있습니다.

스윙 메커니즘에 상호작용을 하는 힘의 법칙들에 대해서 알아보도록 하겠습니다.

1. 원심력(Centrifugal Force)

원심력은 원운동을 하는 물체에 작용하는 관성의 힘을 말합니다. 원심력은 중심에서 멀어지려는 힘으로 실제 존재하지 않는 가상의 힘입니다. 반대로 물체가 회전할 때 원의 중심으로 향하는 힘을 구심력이라 하며 이 구심력(Centripetal Force)은 실제 존재하는 힘으로 원심력과는 반대 방향으로 작용하며 그 힘의 크기는 동일합니다.

원심력 구심력

$$F_C = mr\omega^2$$

Fc= 원심력, m= 질량, r=반경, ω= 각속도,

원심력과 구심력의 힘의 크기는 같고 방향은 반대

❖ 원심력의 크기는 질량에 비례하고 각속도의 제곱에 비례한다.
❖ 클럽 헤드 속도를 늘리면 제곱에 비례하여 원심력은 커진다.
❖ 클럽 헤드의 회전 반경에 비례하여 원심력은 커진다.
❖ 스윙 아크가 클수록 원심력은 커진다.

모든 물체는 힘을 가하면 관성에 의해 등속 직진 운동을 하려는 성질이 있습니다. 회전 운동에서 물체가 원을 그리며 돌지만 실제로는 매 순간 직진 운동을 하고 있는데 구심력에 의해 이끌려 밖으로 멀리 달아나지 못하고 원을 그리며 돌게 되는 것입니다. 밤하늘의 달도 실제는 직진 운동을 하고 있지만 지구의 중력에 이끌려 지구 주위를 도는 원리와 같습니다.

골프 스윙은 회전 운동입니다. 회전 운동에 동반되는 힘이 원심력과 구심력입니다. 원운동에서는 회전으로 인해 방향이 바뀌면서 가속도 운동으로 바뀌게 됩니다. 이때의 가속도를 구심 가속도라 부릅니다. 구심 가속도라 부르는 이유는 원심력은 실제 존재하지 않는 가상의 힘이고 구심력은 원의 중심을 향해 가속하는 실제의 힘이기 때문에 그렇게 부릅니다.

원심력은 원운동이기 때문에 등속 운동을 하는 게 아니고 가속도 운동하고 있는 것입니다. 이때 원운동은 가속도 운동을 하고 있기 때문에 속력이 변하게 됩니다. 원운동에서 구심 가속도 운동을 하는 물체가 회전할 때 구심점을 중심으로 회전하는 물체의 각도에 따른 속도를 각속도(angular velocity)라고 합니다. 등속 원운동이 아니기 때문에 각 회전하는 각도에서 나타나는 물체의 순간 속도라고 생각하면 됩니다.

원심력을 이용하여 스윙 스피드를 끌어올리려면 원심력에 상응하는 구심력을 유지해야 합니다. 이 구심력을 만들어 내기 위해서는 구심점이 필요한데, 구심점을 유지하려면 다운 스윙에서 스윙 축(dynamic axis)이 늘 견고하게 유지돼야 합니다. 원심력은 회전 운동을 하면서 각 구간마다 관성 모멘트라는 에너지를 가지게 되며 이 힘은 원을 그리며 가속도 운동을 하고 있고 이 가속도 운동을 최대한 활용해야 최고의 스윙 스피드를 이끌어 낼 수 있습니다.

다운 스윙에서 원심력과 같은 방향으로 몸이 따라 움직이면 구심력을 만들어 낼 수 없고 스윙 스피드는 현저히 느려지게 되어 비거리와 방향성에 많은 문제를 야기하게 됩니다. 이러한 이유로 골프 스윙에서 힘의 스윙 축(dynamic axis) 유지를 가장 중요하게 여기는 이유입니다. 이 스윙 축(dynamic axis)은 왼쪽 무릎에서 허벅지 그리고 가슴으로 이어지는 왼쪽 사이드(side)에서 만들어져야 합니다.

원심력의 크기는 질량(클럽 헤드 무게)과 회전 반경에 비례하며 클럽 헤드 각속도의 제곱에 비례합니다. 이는 클럽 헤드가 무거우면 무거울수록 원심력은 커지게 되며 클럽 헤드 각속도의 제곱에 비례하므로 클럽 헤드 속도를 조금만 증가시켜도 비거리는 크게 늘어나게 됩니다. 신체 조건에 비해 긴 클럽을 사용하면 반경은 길어지게 되고, 스윙 아크가 클수록 원심력은 커지게 됩니다. 반대로 샤프트 길이가 짧거나 스윙 아크가 작아지면 원심력은 작아지게 됩니다.

2. 관성 모멘트(Moment of Inertia)

관성 모멘트(Moment of Inertia)는 물체가 회전 운동을 유지하려는 물리적 힘의 크기를 말합니다. 동일한 회전 물체라도 회전축에 따라 관성 모멘트의 값은 얼마든지 달라질 수 있습니다.

회전하는 물체에서는 힘에 저항하는 요소가 단순히 무게뿐만 아니라 회전되는 지점 즉 골프 스윙에서 몸의 회전축에서 클럽 헤드가 얼마나 멀리 큰 스윙 아크를 만드느냐 그리고 얼마만큼 빠르게 회전하느냐에 따라 관성 모멘트가 달라지게 됩니다.

관성 모멘트 (Moment of Inertia)

$$MOI = mr^2$$

MOI= Moment of Inertia, m= 질량, r= 회전축으로 부터의 거리

물체의 회전운동에서 관성의 힘

❖ 물체가 회전 운동을 하는 상태를 계속 유지 하려는 성질.
❖ 동일한 물체라도 회전축에 따라 값은 얼마든지 달라진다.
❖ 스윙 아크가 클수록 관성 모멘트는 제곱에 비례한다.
❖ 관성 모멘트를 이용하면 원심력이 커져서 클럽 헤드 스피드가 증가하고 비거리가 늘어 난다.

관성 모멘트(Moment of Inertia)는 골프 스윙에서뿐만 아니라 골프 클럽 디자인에도 많은 영향을 주고 있습니다. 클럽 헤드가 스윙 축을 중심으로 회전할 때 그 회전 운동을 지속하려는 힘이 관성 모멘트인데 이 관성 모멘트의 수치가 높을수록 관성의 힘은 커지고 클럽의 관용성(Forgiveness)은 높아집니다. 이는 일반 골퍼들이 임팩트 때 볼이 클럽 헤드의 토우(toe)나 힐(heel) 쪽에 맞게 되면 클럽 페이스가 열리거나 닫히게 되는데 이때 볼은 왼쪽 또는 오른쪽으로 날아가게 되며 비거리도 감소하게 됩니다. 그러나 관성 모멘트가 커지면 클럽 중심에서 벗어난 샷에도 방향성과 비거리의 손실이 덜 영향을 받게 됩니다. 클럽 디자인에서 관성 모멘트를 높이려면 클럽 헤드를 크게 하고 무거울수록, 주변에 많은 무게를 배치할수록, 그리고 무게 중심을 뒤에 배치하면 관성 모멘트는 커지게 됩니다.

관성 모멘트는 직선에서 일어나는 단순 가속도 운동에서 힘은 질량과 가속도에 의존하는 것과 달리 회전하는 물체에서는 단순 질량과 가속도만으로 나타낼 수가 없습니다. 회전하는 물체에서 관성 모멘트는 질량뿐만 아니라 회전하는 지점의 위치, 물체와 회전축과의 거리에도 영향을 받게 되기 때문입니다. 이렇게 복합적인 요소들을 묶어서 나타낸 것이 관성 모멘트입니다.

관성 모멘트는 같은 물체라도 회전축에 따라 얼마든지 변할 수 있기 때문에 골프에서 스윙 축(dynamic axis) 유지가 무엇보다도 중요합니다. 스윙 축이 무너지면 관성 모멘트 값이 현저히 줄게 되어 스윙 속도가 느려지게 됩니다.

그러므로 골프 스윙은 회전 운동이므로 이 회전 운동에서 발생하는 관성의 힘인 관성 모멘트를 최대한 살려서 원심력을 증가시킬 때 비거리 향상을 가져오게 됩니다. 그러기 위해서는 스윙 축을 견고히 유지하고 그립 악력은 부드럽게 잡아서 클럽의 회전이 잘되도록 스윙을 해 주어야 합니다. 클럽 회전이 잘되면 상대적으로 에너지는 적게 들고 스윙 스피드는 늘어나게 되어 비거리는 증가하게 됩니다.

3. 관성의 법칙(뉴턴의 제1법칙)

관성의 법칙은 힘을 가하지 않는 한 정지한 물체는 정지 상태를 계속 유지하며, 운동하고 있는 물체는 그 속도를 유지하며 같은 속도로 계속 나아가는 등속 직선 운동(uniform motion)을 한다는 법칙입니다.

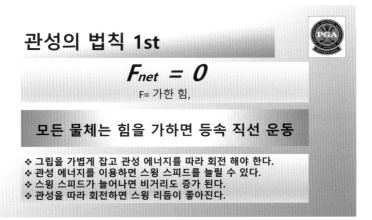

일상생활에서는 마찰력, 공기의 저항, 중력 같은 것들이 관성을 유지하지 못하게 합니다. 이런 힘들은 관성을 상쇄시켜 물체가 결국은 정지하게 되는 것입니다. 골프 그립을 꼭 잡고 스윙하는 것도 관성을 방해하는 요소 중의 하나가 되는 것입니다.

골퍼가 스윙을 하다가 바디를 갑자기 멈추면 양팔과 손도 정지하게 되면서 이때 발생했던 관성의 힘은 클럽 헤드를 멈추지 않고 가속시키게 되어 클럽이 회전하는 것을 느끼게 됩니다. 이때 클럽을 회전시키는 힘을 관성이라고 이해하면 됩니다.

이 관성의 힘을 최대한 이용해야 작은 힘으로 클럽 헤드 스피드를 늘릴 수 있습니다. 클럽의 그립을 강하게 쥐고 휘두르면 관성의 힘을 이용할 수가 없어 에너지는 많이 들고 헤드 속도는 줄어들게 되는 비효율적인 스윙을 하게 되는 것입니다.

관성을 이용해야 골퍼의 에너지 소모를 줄일 수 있고 힘은 증대되어 비거리를 향상시킬 수 있습니다.

4. 가속도의 법칙(뉴턴의 제2법칙)

가속도의 법칙 2nd

$$F = ma$$

F = 힘, m=질량, a=가속도

$$a = dv/dt = dx / dt^2$$

❖ 스윙 아크가 클수록 가속도는 커진다.

❖ 클럽 헤드가 회전하는 시간의 제곱에 반비례해 가속도는 늘어난다.

    물체 운동의 변화는 가해진 힘에 비례하며, 가해진 힘의 직선 방향으로 진행을 합니다.

    가속도 운동은 물체의 속도가 시간에 따라 바뀌는 운동으로 시간에 따른 속도의 변화를 가속도라 합니다. 이는 뉴턴의 제2의 힘의 법칙으로 어떤 물체의 가속도는 그 물체에 가한 힘에 비례하게 됩니다. 즉 가속도는 속도가 어느 방향으로 얼마나 크게 변하는가를 나타내는 속도와 시간의 변화율을 의미합니다. 그러므로 가속의 공식은 'a=dv/dt'로 단위 시간당의

속도로 나타내고, 이 가속도는 질량과 함께 힘의 크기를 결정하는 요소로 작용하게 됩니다.

힘을 키워 비거리를 증가시키려면 가속도의 크기를 증가시켜야 합니다. 이 공식에서 힘 F를 키우려면 질량이나 가속도를 늘려야 합니다. 가속도는 시간과 거리의 상관 관계이므로 골프에서 같은 스윙이라도 아크가 크게 회전하면 가속도를 증가시킬 수 있습니다. 또한 클럽을 빨리 회전하려면 관성 모멘트를 최대한 활용하여 힘을 가하는 게 좋습니다. 그러기 위해서 그립의 악력은 최대한 부드러워야 합니다. 이와 같은 방법으로 클럽의 헤드 속도를 증가시키면 힘은 커지게 되고 비거리는 늘어나게 됩니다. 짧은 시간에 클럽을 빨리 회전시키면 시간의 제곱에 반비례하여 가속도는 늘어나게 됩니다.

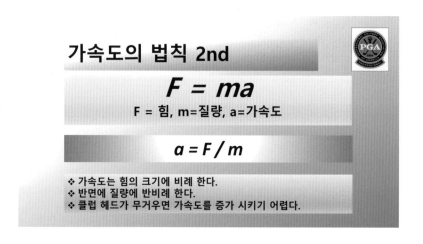

골프 스윙에서 골퍼가 가지고 있는 힘은 클럽 헤드에 전달하는 힘의 크기에 비례하여 가속도는 늘어나게 됩니다. 골퍼의 힘을 키우는 것도 비거

리 증대의 한 요인이 되기도 합니다. 즉 임팩트 전의 클럽 헤드 속도보다 임팩트 후인 팔로우 스루(follow through) 구간에서 헤드의 속도가 빨라야 합니다. 그렇게 함으로써 가속도의 증가에 따라 클럽 헤드의 힘은 커지게 됩니다. 상대적으로 클럽 헤드가 무거우면 힘은 크게 할 수는 있으나 가속도에는 반비례하므로 가속도를 늘리기는 어렵습니다. 이런 이유로 여성이 상대적으로 무거운 남성용 클럽을 사용하는 것은 바람직하지 않습니다. 골퍼가 팔로우 스루(follow through) 구간에서 릴리스를 잘해야 가속도는 증가하게 되고 비거리는 늘어나게 됩니다.

5. 작용 반작용의 법칙(뉴턴의 제3법칙)

모든 물체는 작용에 대해 크기는 같고 방향은 반대인 반작용이 존재합니다. 두 힘의 상호작용은 언제나 크기가 같고 방향은 반대가 됩니다.

작용 반작용의 법칙 3rd

$$F_{AB} = F_{BA}$$

F = 힘, AB=A에서B, BA=B에A

같은 크기의 힘이 서로 반대 방향으로 작용

❖ 타겟을 향해 직선형의 스윙을 하면 같은 힘이 타겟 반대로 작용.
❖ 이 힘 때문에 뒤로 넘어지는 현상이 나타남.
❖ 이 힘을 줄이려면 선형의 스윙보다 회전 운동의 스윙을 해야함.

어떤 물체가 다른 물체를 향해 힘을 가하게 되면 힘을 받는 물체 역시 같은 크기의 힘을 반대 방향으로 힘을 준 물체에게 가한다는 이론으로 힘의 크기는 같고 방향은 반대인 힘이 발생하는 뉴턴의 제3의 힘의 법칙에 해당됩니다. 두 힘은 서로 동일 직선상에서 작용하게 됩니다.

골프 스윙에서도 골퍼가 임팩트에서 볼에 힘을 가할 때 반작용의 힘이 목표 반대 방향으로 발생하게 되어 왼쪽으로 이동되었던 중심축이 다시 오른쪽으로 이동하게 되는 현상이 나타나게 됩니다. 이는 골프 스윙에서 비거리와 방향 임팩트 등에 많은 부정적 요소로 작용하게 됩니다. 이를 방지하기 위해서는 골프 클럽 헤드의 직선 운동을 자제하고 원심력을 이용한 회전운동으로 바꾸면 작용 반작용의 힘을 줄일 수 있습니다.

골퍼가 스윙을 할 때 볼보다 뒤를 치는 주된 이유 중의 하나가 양손으로 볼을 성급하게 치려고 하면 골퍼가 느끼지 못하는 작용 반작용의 힘이 발생하게 됩니다. 이때 몸은 타겟과 반대 방향으로 움직이게 되면서 바디는 회전하지 못하고 아울러 클럽 헤드는 중력 가속도에 의해 빨리 내려오게 됩니다. 이로 인해 클럽 헤드가 볼 뒤를 치는 실수를 범하게 되는 것입니다.

지면 반발력도 골퍼 신체의 내부적 힘이 지면을 향해 작용하면서 지면과 반대되게 골퍼의 신체를 향하는 작용 반작용의 힘이 발생한다고 할 수 있습니다. 결국 골프 스윙도 지면에 서서 하는 운동이기 때문에 힘의 중심축을 유지하면서 안정되게 지면을 딛고 일어서는 스윙 동작을 해 주면 바디와 클럽의 회전이 잘되어 원심력을 증가시킬 수가 있습니다.

지면 반력을 이용한 작용 반작용의 효과는 빠른 스윙 스피드를 이끌어 내어 비거리 증대에 아주 효과적인 방법입니다. 반면에 지면 반력은 순간적으로 일어나는 동작 이기 때문에 스윙 축을 잘 유지해 주어야 합니다. 그리고 상대적으로 골프 클럽이 짧은 아이언 스윙에서 지면 반력을 과도하게 사용하면 샷의 실수로 이어질 수 있기 때문에 조심해야 합니다.

6. The D-Plane 스윙

The D-Plane 스윙 이론은 물리학자 Theodore P. Jorgesen가 발표한 볼의 구질에 대한 이론입니다.

The D-Plane 스윙 이론을 발표한 물리학자 Theodore P. Jorgesen에 따르면 우리가 기존에 알고 있는 클럽의 경로와 클럽 페이스의 조합(combination)으로 이루어지는 9가지 경로 외에 클럽의 입사각과 로프트(loft)에도 영향을 받는다고 합니다. 이때 볼의 회전축 변화에 따른 사이드 스핀(side spine)이 발생하여 볼의 날아가는 경로가 바뀐다는 것입니다.

The D-Plane 스윙 이론

❖ 기존의 임팩트에서 클럽 궤도와 클럽 페이스의 위치에 따라 9가지의 구질을 결정하는 외에
❖ 임팩트에서 상향 타격과 하향 타격 그리고 클럽의 로프트에 따라 볼의 회전축이 바뀌어 볼이 날아 가는 방향에 영향을 준다는 이론.
❖ 볼은 약간 아웃 사이드에서 인 사이드로 하향 타격 할 때 가장 똑바로 날아 간다.

The Physics of Golf by Theodore Jorgensen

그의 이론에 따르면 약간 아웃 사이드 인으로 하향 타격을 할 때 가장 똑바른 구질을 구사할 수 있다고 합니다.

제6장

골프 스윙 연습 방법

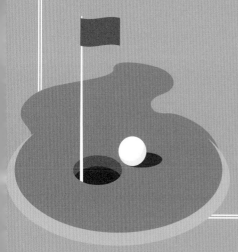

1. 불규칙한 경사면에서의 샷

볼이 발보다 높을 때

- 볼이 발보다 위에 있고 몸과 가깝게 있기 때문에 뒤 땅을 치기가 쉽다.
- 볼이 발보다 높게 있고 지면의 경사로 인해 스윙이 수평으로 이루어져 클럽 페이스가 닫히면서 훅이 발생할 확률이 높다.
- 양손과 손목을 보다 많이 회전시키면 뒤 땅을 치는 실수를 줄일 수 있다.
- 중력을 이용하여 양손을 경사면이 가장 낮은 오른발 쪽으로 끌면서 볼을 향해 임팩트해 준다.
- 백 스윙에서 클럽을 뒤로 더 빼면 다운 스윙에서 클럽이 가파르게 내려오는 샷을 방지할 수 있다.
- 어드레스는 가능한 한 지면과 직각을 이루도록 한다.
- 체중은 양발의 앞쪽에 많이 두어 안정적인 어드레스를 한다.
- 클럽은 평소보다 짧게 잡는다.
- 볼의 위치는 스탠스의 중앙에 위치하도록 한다.
- 골퍼의 목과 볼 사이의 거리를 일정하게 유지한다.
- 훅이 날 것을 감안해서 약간 오른쪽으로 에임해 주거나 클럽 페이스

를 열어 준다.

- 훅이 나는 것을 방지하기 위해 과도한 릴리스를 하지 않는다.
- 풀 스윙보다는 3/4 정도의 스윙을 해 준다.
- 클럽은 짧게 잡고 3/4 정도의 스윙을 하며 로프트(loft)가 작은 긴 클럽을 잡는다.

볼이 발보다 낮을 때

- 볼이 발보다 아래에 있기 때문에 클럽을 길게 잡는다.
- 클럽 헤드가 쉽게 볼에 닿을 수 있도록 충분히 볼에 가깝게 어드레스를 한다.
- 바디는 가능한 한 지면과 직각이 되도록 선다. 그러나 무릎은 충분히 구부리고 체중은 뒤꿈치에 많이 오도록 한다.
- 골퍼의 목과 볼 사이에 간격을 일정하게 유지한다.
- 볼이 오른쪽으로 날아갈 것을 감안해서 약간 왼쪽을 향해서 에임(aim)하거나 클럽 페이스를 열어 준다.
- 손목과 양손을 충분히 회전시켜서 푸쉬(push)나 슬라이스(slice)가 발생하는 것을 막아 준다.

오르막 경사면

- 오른발보다 왼발이 높은 관계로 훅이 나거나 뒤 땅을 칠 확률이 높고 비거리가 현저히 짧은 샷이 발생할 수 있다.

- 중력은 클럽을 일찍 끌어내려 골퍼의 체중 이동을 어렵게 만드는 경향이 있다.
- 체중이 오른쪽에 남아 있게 되면 클럽 헤드가 일찍 빠져나가게 되어 스윙 경로가 왼쪽을 향하게 되어 훅이 발생하는 원인이 된다.
- 골퍼의 스탠스를 약간 왼쪽으로 기울여 클럽의 로프트가 약간 세워지도록 하여 볼이 높고 짧게 날아가는 것을 보상해 준다.
- 바디는 지면과 직각을 이루도록 어드레스를 취하고 체중은 약간 왼쪽에 더 많이 가도록 한다.
- 가능한 한 경사면을 따라 체중 이동이 잘되도록 하여 훅이 발생하는 것을 줄여 준다.
- 보다 쉬운 임팩트를 만들어 내기 위해 볼은 스탠스의 중앙에 위치하도록 한다.
- 타겟에 충분히 도달할 수 있도록 충분이 로프트(loft)가 작은 긴 클럽을 사용한다.
- 왼쪽으로 볼이 날아갈 것을 감안하여 오른쪽으로 에임한다.
- 불규칙한 경사면에 적응하기 위해 충분한 연습 스윙을 해 준 후 편안해졌을 때 경사면에 맞게 절제된 스윙을 한다.

내리막 경사면

- 탑 볼이 나오거나 푸시(push)성 볼이 발생할 확률이 높다.
- 볼의 위치는 스탠스의 중앙보다 약간 오른쪽에 놓는다.
- 어드레스는 지면과 수직으로 서고 이때 몸이 볼 쪽으로 쏠리지 않도

록 주의를 기울인다.

- 무릎을 약간 굽혀 양어깨가 지면과 평행이 되도록 해서 샷을 할 때 스웨이(sway)가 나지 않도록 한다.
- 샷이 낮게 날아가고 볼이 많이 구르기 때문에 보다 로프트(loft)가 큰 짧은 클럽을 선택한다.
- 바디의 스웨이(sway)를 방지하기 위해 절제된 3/4 스윙을 해도 정상적인 라이에서 풀 스윙 때와 같은 거리를 보낼 수 있다.
- 오른쪽으로 날아갈 것을 감안해서 왼쪽을 향해 에임(aim)한다.
- 편안해질 때까지 몇 번의 연습 스윙을 한 후 지면을 따라서 절제된 3/4 스윙을 구사한다.

2. 바람 불 때의 샷

앞에서 부는 바람(Headwind)

- 낮은 탄도의 샷을 구사한다.
- 로프트가 큰 긴 클럽을 선택한 후 그립을 2-3cm 짧게 잡는다. (만약 7번 아이언이면 5번 아이언을 잡고 2-5cm 짧게 잡는다)
- 볼 2개 정도의 길이만큼 중앙에서 오른쪽에 놓는다. (오른쪽 가슴 앞 정도)
- 3/4 크기의 백 스윙을 한 후 정상 리듬으로 볼을 친다.
- 그린 주변에서는 볼이 낮게 날아가게 하기 위해 가능하면 피치 샷 대신 칩 샷을 한다.
- 우드나 롱 아이언은 입사각을 지면과 평행하게 하고 스탠스를 약간 넓게 취한 후 바디의 균형을 잃지 않도록 한다.
- 우드는 양손을 이용하여 강하게 치기보다는 바디를 이용하여 리듬 있게 회전하는 스윙을 하도록 한다.

뒤에서 부는 바람(Tailwind)

- 뒤에서 부는 바람은 볼의 백 스핀을 줄여 주고 볼은 더 멀리 날아간다.
- 볼이 땅에 떨어졌을 때 정상적인 샷보다 더 많이 구른다.
- 그린에서 볼이 많이 굴러가게 되므로 부드럽게 안착시키기 위해서는 클럽 페이스를 약간 열고 보다 긴 클럽을 잡고 천천히 스윙을 해서 하이 페이드(high fade) 샷을 구사한다.
- 티를 높게 꽂고 볼 뒤에서 강하게 올려 치면 바람을 타고 더 멀리 날아갈 수도 있다.
- 바람을 감안해서 적당한 클럽을 선택한 후 스윙을 변화시키기보다는 정상적인 리듬의 스윙을 하도록 한다.
- 우드보다는 롱 아이언으로 높은 탄도의 샷을 구사하면 바람의 영향을 덜 받아 방향성 유지하는 데 도움이 된다.

옆에서 부는 바람(Side Wind)

- 바람이 불어오는 쪽으로 클로즈 스탠스(close stance)로 어드레스를 한다.
- 클럽 페이스는 타겟을 향하도록 한다.
- 볼은 바람을 거스르기보다 자연스럽게 바람을 타고 날아가도록 한다.
- 탄도는 정상적 탄도를 유지하거나 낮은 탄도의 샷을 구사한다.

3. 특별한 샷(Special and Unusual Shot)

드로우 샷과 페이드 샷(Draw and Fade Shot)

- 볼이 휘는 정도는 클럽의 경로와 클럽 페이스 변화에 따라 달라진다.
- 같은 클럽으로 의도적인 드로우(draw)을 치려고 할 때 볼은 정상적인 샷보다 멀리 날아간다. 반면에 의도적인 페이드(fade)는 더 짧게 날아간다.
- 심한 훅이 발생할 때는 임팩트에서 클럽의 로프트를 충분히 확보하면 훅을 방지할 수 있다.
- 반대로 심한 슬라이스가 발생할 때는 임팩트에서 로프트가 열리지 않도록 닫아 주는 노력을 하면 슬라이스를 방지할 수 있다.
- 드로우 샷과 페이드 샷이 어려운 이유는 스윙 경로와 클럽 페이스의 조합(combination)이 잘 이루어져야 하기 때문에 매우 어렵게 되는 것이다.

러프(Rough)에서 리커버리 샷(Recovery Shot)

- 러프에서 잔디는 볼과 클럽 사이에 완충 역할을 제공하므로 클럽 헤드 스피드를 감소시켜 거리의 손실을 가져온다.
- 잔디의 완충 역할의 쿠션 샷은 여러 가지로 나쁜 스윙의 결과를 가져온다. 거리의 손실뿐만 아니라 백 스핀을 주기가 어려워 그린의 부드러운 안착이 어렵다.
- 잔디의 접촉을 최소화하기 위해 가파른 입사각의 스윙을 해야 한다.
- 잔디를 쉽게 빠져나갈 수 있는 샷을 구사하기 위해 바디를 왼쪽을 향하여 에임하고, 클럽 페이스는 열어 주며 볼은 중앙에서 왼쪽에 두고 스윙을 하는 것이 좋다.

플라이어 샷(Flier Shot)

- 플라이어(Flier)는 샷을 할 때 볼과 클럽 페이스 사이에 잔디 또는 물이 끼어 있는 경우를 말한다.
- 플라이어 샷은 볼이 잔디가 긴 러프 지역에 잠겨 있을 때나 잔디가 젖어 있을 때 하는 스윙이다.
- 플라이어 샷은 정상적인 스윙보다 백 스핀(back spin)이 적게 걸린다.
- 플라이어 샷은 일반 샷보다 탄도가 낮고 그린에 떨어진 후 정상보다 많이 굴러간다. 그러므로 볼이 그린에 안착되지 못하고 그린 밖으로 나가는 경우가 많다.
- 그린 주변에서는 로프트(loft)가 큰 클럽을 선택한 후 클럽 페이스를

열고 클럽과 볼 사이의 장애물을 함께 쳐서 플롭 샷 같이 높은 탄도의 샷을 구사해야 그린에 보다 부드럽게 안착시킬 수 있다.

- 러프 지역에서 비거리가 긴 플라이어 샷을 할 때는 한 클럽 내지 두 클럽 정도의 로프트가 작은 긴 클럽을 선택한다.

4. 골프 스윙 연습 방법

골프 스윙 연습의 목적은 먼저 기술을 배우고 발전시키는 것이고, 그다음은 그 기술을 유지·보존하고, 마지막으로 배우고 익힌 기술을 레인지가 아닌 필드로 옮겨 적용시키는 데 그 목적이 있습니다.

이 연습의 목적 달성을 위해서는 목표를 설정하고 그에 따른 계획표를 작성해야 합니다. 연습 목표는 레슨에 대해 세부적으로 잘 정립되어 있고 실질적이며 어느 정도 도전적인 목표를 설정하는 게 효과적입니다.

연습은 올바른 기술이 적용될 수 있도록 해야 합니다. 올바른 스윙 기술을 발전시키기 위해서 기본에 충실한 내용들을 적당한 훈련 도구와 함께 훈련하는 게 좋습니다. 연습량을 지나치게 많이 해서 피로하면 부상의 염려도 있으므로 한 번에 많이 하기보다는 30분 정도로 나누어서 하는 게 효과적입니다. 연습을 통해 기술이 잘 수행하기가 어려울 때는 실망할 수도 있으므로 쉬어 주는 것도 한 방법입니다.

연습의 목적은 골프 기술에 대한 신뢰성을 높이는 것입니다. 그러므로 연습은 부드러운 바디를 이용해서 아주 즐겁고 편안하게 해 주는 게 좋습니다.

골프에서 비거리에 영향을 주는 요소들은 클럽 헤드 스피드, 헤드의 중심에 정확히 맞추는 정타율 그리고 임팩트에서 클럽 헤드가 볼에 맞을 때의 입사각에 의해서 결정됩니다.

클럽 헤드의 스피드는 골퍼의 체력, 바디의 유연성, 스윙의 기술, 레버리지 그리고 스윙하는 동안 근육의 조화로운 움직임이 스윙 스피드를 결정합니다.

임팩트에서 클럽 헤드의 스윗 스팟(sweet spot)에 맞아야 스윙 스피드 100mph에 250yards가 날아갑니다. 테니스에서 볼이 라켓 가장자리에 맞을 때 볼의 스피드가 현저히 줄어드는 원리와 같습니다.

임팩트에서 클럽 헤드의 입사각이 크면 클수록 백 스핀(back spin)의 양은 많아지며 볼은 높이 뜨게 되어 비거리 손실로 이어지게 됩니다. 그러나 입사각이 크면 클수록 클럽의 로프트(loft)가 세워지는 각도, 즉 로프트(loft)의 각도는 작아지는 효과를 가져와 볼은 더 멀리 날게 됩니다.

클럽 페이스(Club Face) 위치를 위한 훈련 방법

- 클럽의 힐 토우를 통한 회전 연습 방법은 8번 아이언으로 허리 높이까지 백 스윙을 한 후 임팩트를 향해 처음엔 힐보다 토우를 먼저 보내는 연습을 한 후 나중에는 반대로 토우보다 힐을 먼저 볼을 향해 보내는 연습을 해 보면 임팩트 전후에서 골퍼가 손을 어느 정도 회전해야 적당한지를 느낄 수 있다.

- 백 스윙을 두 번에 나누어 하는 훈련으로 6번 아이언으로 정상적으로 어드레스를 취한 후 클럽 헤드를 허리 높이까지 올린 후 멈춘다. 이 때 클럽 헤드와 샤프트가 어떤 모양을 하고 있는지 인지하는 훈련으

로 클럽 헤드는 하늘을 보고 있어야 하며 샤프트는 지면과 평행하고 방향은 약간 볼 쪽으로 향해 있어야 한다. 클럽의 샤프트가 스탠스의 발가락 라인보다 안쪽으로 들어가 있지 않도록 주의한다.

- 피니쉬(Finish)에서 멈추기 훈련은 7번 아이언과 함께 정상적으로 어드레스를 한 후 백 스윙을 3/4 정도 올린 후 임팩트에서 볼을 친 후 팔로우 스루를 통해 클럽이 허리 높이에 왔을 때 멈추는 훈련으로, 이때 클럽이 멈췄을 때 샤프트는 타겟 라인과 나란해야 하며 오른팔은 충분히 펴져 있어야 하고, 클럽의 토우 부분은 하늘을 향해 있어야 한다.
- 임팩트 백을 치는 훈련도 임팩트에서 클럽 페이스의 위치나 적절한 바디의 임팩트 자세를 만드는 데 도움이 된다.

클럽의 경로(Club Path)에 관한 훈련

- 오른발을 뒤로 빼고 스윙을 하는 훈련법은 볼을 티에 올려놓은 후 6번 아이언과 함께 정상적으로 어드레스를 한 후 오른발을 왼발 뒤꿈치와 나란하게 빼서 과도한 클로스 스탠스로 어드레스한 다음 천천히 스윙을 해서 볼을 친다. 임팩트에서 양팔을 쭉 펴면 과도한 클로스 스탠스의 결과로 클럽의 경로는 인사이드 아웃으로 지나가게 된다.
- 양발을 모으고 스윙하는 훈련은 임팩트를 통한 자연스런 다운 스윙을 느끼게 하는 훈련으로, 정상적인 그립을 잡고 양발을 가깝게 붙인 뒤 몸의 균형을 유지하면서 풀 스윙을 한다. 어드레스에서 양발의 간격이 너무 좁으면 몸의 균형을 유지하기가 어렵다는 것을 느끼게 하

는 훈련법으로 바디는 양발의 스탠스가 가까울 때 더 잘 회전된다.

- 티에 올려진 볼 뒤쪽에 타겟 라인의 약간 바깥쪽에 헤드 커버를 놓고 6번 아이언으로 헤드 커버를 피해서 볼을 치는 연습으로 다운 스윙에서 클럽 헤드의 경로가 인사이드 아웃으로 지나가도록 연습한다.

- 클럽 샤프트를 이용해서 다운 스윙에서 클럽의 경로 수정하는 방법으로 아이언 클럽을 인사이드 아웃 방향으로 클럽이 지나갈 것으로 예상되는 지점보다 약간 밖으로 클럽 경로와 평행하게 놓고 6번 아이언과 함께 정상적으로 어드레스를 취한 뒤 클럽 경로를 확인하면서 훈련하면 캐스팅으로 인한 아웃 사이드 인의 클럽 경로를 수정할 수 있다.

정타를 위한 훈련 방법

- 티 위에 볼을 올려놓은 후 클럽이 지나갈 수 있는 거리보다 약간 넓게 볼의 안쪽과 바깥쪽에 각각 티를 꽂은 후 8번 아이언으로 티를 건드리지 않고 임팩트에서 볼만 정타로 쳐내도록 연습한다.

- 6번 아이언 클럽 페이스에 피팅(fitting) 테이프를 붙이고 10번 정도 정상적인 스윙을 하여 클럽 페이스 어디에 맞았는지를 확인하면서 정타율을 끌어올리는 방법으로 만약 정타가 잘 안 되면 보다 짧은 클럽으로 반복해서 정타가 나올 수 있도록 확률을 끌어올린다.

입사각에 영향을 주는 훈련 방법

- 임팩트에서 클럽 헤드가 가파르지 않게 들어오는 훈련으로 일명 야구 스윙 훈련이라고도 한다. 6번 아이언과 함께 정상적으로 어드레스한 후 클럽을 5cm-10cm 들어 올린 다음 볼이 맞지 않도록 스윙을 하는 방법으로, 몇 번 연습을 한 후 편해지면 정상적으로 클럽을 약간 들고 볼을 치는 훈련을 한다.

- 7번 아이언과 함께 왼발을 높게 하기 위해서 작은 금속 바스켓 위에 왼발을 올려놓고 몸의 균형을 잃지 않도록 천천히 스윙을 시도한 후 익숙해지면 바스켓 없이 볼을 치면서 입사각의 변화를 느끼도록 연습한다.

- 임팩트에서 클럽을 가파르지 않고 얕은 입사각으로 볼을 치기 위한 방법으로 6번 아이언과 함께 비교적 작은 백 스윙을 한 후 정상적으로 스윙을 해서 티는 치지 않고 볼만 쳐내도록 연습한다.

- 이번에는 반대로 가파르게 다운 블로우(blow)로 볼을 치기 위한 훈련으로 볼의 타겟 라인과 나란하게 볼 뒤 30cm 정도에 골프 그립을 놓고 8번 아이언으로 천천히 백 스윙을 한 후 골프 그립을 건드리지 않고 볼을 쳐서 클럽의 입사각을 가파르게 해 주면서 훈련한다.

스윙 스피드를 늘리기 위한 훈련 방법

- L to L 연습 방법은 임팩트 구간 전후에서 클럽 헤드 스피드를 늘리기 위한 훈련 방법으로 손목의 회전을 통해 스윙 스피드를 끌어올리기 위

한 목적으로 개발된 연습 방법으로, 티에 볼을 올려놓고 8번 아이언과 함께 백 스윙을 시작해서 팔이 지면과 평행이었을 때 멈추고 이때 샤프트는 하늘을 향하도록 한다. 볼을 향해서 임팩트를 한 후 클럽이 허리 높이에 왔을 때 오른쪽 팔은 쭉 펴지고 클럽 헤드는 다시 하늘을 향하도록 하여 스윙 스피드를 늘리는 데 가장 적합한 훈련으로, 백 스윙과 팔로우 스루에서 양 손목은 충분히 구부러져 있어야 한다.

- 6번 아이언과 함께 백 스윙하고 충분히 빠른 속도로 다운 스윙을 유도해서 임팩트 때 클럽에서 휙휙 하는 소리가 나도록 빨리 휘둘러서 스윙 스피드를 늘어나도록 연습한다.

- 6번 아이언으로 백 스윙을 한 후 임팩트할 때 대략 임팩트 후 20cm 앞에서 스윙 스피드가 가장 빠르도록 스윙을 하는 연습을 하면 클럽의 가속도를 증가시켜 비거리를 늘리는 데 아주 효과적이다.

- 티 위에 볼을 놓은 후 또 다른 티를 타겟 라인의 볼 앞 20cm 정도에 꽂은 후 7번 아이언으로 3/4 크기의 백 스윙을 한 후 임팩트에서 볼과 그 앞에 있는 티를 동시에 치는 연습 방법으로, 스윙 아크가 커지고 스윙 스피드가 늘어날 뿐만 아니라 볼의 방향성도 좋아진다.

- 양팔이 잘 펴져서 스윙 아크가 커지게 하는 훈련으로 6번 아이언에 무거운 도넛 같은 스윙 도움 기구를 그립을 통해 끼워서 클럽 헤드를 무겁게 한 후 스윙 연습을 하면 팔도 잘 펴지고 적절한 타이밍을 맞추는 데도 많은 도움이 된다.

- 티에 볼을 올려놓고 6번 아이언으로 여러 번의 정상적인 풀 스윙을 하면서 스피드 센서로 측정하며 모니터링을 하면 스윙 스피드를 늘리는 데 많은 도움이 된다.

칩 샷(Chip Shot) 연습 방법

- 오른쪽 뒤꿈치를 들어 발가락만을 지면에 닿게 하고 연습하면 칩 샷에서 양손의 지나친 사용을 억제하고 일정한 임팩트의 느낌을 유지하는 데 도움이 된다.
- 정상적인 칩 샷 어드레스를 하고 스윙을 하고 난 뒤 피니쉬 자세에서 3초나 4초 정도 멈추는 연습을 하면 일관성 있는 임팩트를 만들고 바디의 균형을 유지하는 데 매우 유효하다.
- 볼 앞 10cm 정도에 타겟 라인과 나란하게 티를 놓고 정상적으로 어드레스를 한 후 스윙을 해서 볼과 티를 동시에 맞추는 연습하면 일관성 있는 임팩트를 만드는 데 효과적이며 볼의 방향성도 좋아진다.
- 볼 앞 뒤에 클럽이 지나갈 수 있도록 티를 꽂고 정상적인 칩 샷을 해서 티를 건드리지 않고 볼을 쳐내면서 정타의 확률을 높일 수 있다.

피치 샷(Pitch Shot) 연습 방법

- 정상적인 피치 샷을 어드레스한 후 양발을 모은 후 스윙과 함께 바디의 균형을 유지하면 정타의 확률이 높아진다.
- 정상적인 피치 샷 어드레스를 한 후 클럽을 허리 높이로 들어 올렸을 때 샤프트는 지면과 평행이 되도록 하고 클럽 헤드는 하늘을 향해 있어야 하고, 클럽의 위치를 확인한 후 다운 스윙을 해서 볼을 치는 연습을 하면 피치 샷의 적절한 백 스윙과 다운 스윙 리듬을 유지할 수 있다.

• 정상적인 피치 샷 어드레스를 한 후 백 스윙에서 클럽을 허리 높이로 올린 후 멈추고 이때 샤프트는 지면과 평행하고 클럽 헤드는 하늘을 향해 있는지 확인을 하고 다운 스윙을 해서 볼을 친 후 팔로우 스루가 끝난 후 왼쪽 허리 높이에서 샤프트는 지면과 평행하게 하고 클럽 헤드는 하늘을 향해 있으면서 스윙을 멈추도록 연습하면 바디를 일정하게 움직이는 데 도움이 된다.

벙커 샷(Bunker Shot) 연습 방법

• 벙커 위에 타겟 라인과 직각이 되도록 선을 그은 후 라인 위에 볼이 있다고 상상하고 라인보다 2-5cm 뒤를 치기 위해 벙커 샷 어드레스를 취한 후 반복적으로 라인 뒤를 치는 연습을 하면 벙커 샷에 대한 자신감을 높일 수 있다.

• 벙커의 타겟 라인에 두 개의 볼을 나란히 놓고 정상적으로 벙커 샷을 해서 두 개의 볼을 동시에 그린에 올리는 연습을 하면, 벙커 샷은 모래와 볼을 동시에 쳐야 한다는 벙커 샷의 기능을 이해할 수 있다.

• 정상적인 벙커 샷을 구사하면서 10cm 정도 크기의 벙커 디봇을 만드는 훈련으로 지나치게 가파르지 않고 완만하게 긴 스윙을 해서 모래와 볼을 동시에 쳐낼 수 있도록 연습한다.

퍼팅(Putting) 연습 방법

• 홀에서 1.5m 간격으로 5개의 볼을 놓고 백 스윙 크기와 팔로우 스루

크기로 거리를 조절하며, 홀에서 가까운 것부터 순서대로 퍼팅해서 거리 조절 능력을 향상시킨다.

- 퍼팅할 때 두 눈을 감고 머릿속으로 홀과의 거리를 생각하면서 반복적으로 거리의 변화를 주면서 퍼팅을 연습하면 거리 조절의 감각을 향상시킬 수 있다.

- 홀에서 3m 거리에 볼을 놓은 후 홀 뒤 30cm 정도에 타겟 라인과 클럽 샤프트가 직각이 되게 놓고 퍼팅을 해서 홀에 들어가든지 아니면 홀을 지나 샤프트 앞에 볼이 멈추도록 해서 홀을 지나가도록 스피드 훈련을 한다.

- 홀에서 3m 정도의 거리에 볼을 놓고 볼 위 아래 퍼터의 길이보다 약간 넓게 티를 꽂고 퍼팅을 해서 퍼터의 스윗 스팟(sweet spot)에 정확히 맞추면서 볼의 스피드를 조절한다.

- 홀에서 4m 정도의 거리에 10개의 볼을 원을 그리며 놓고 돌아가면서 퍼팅을 하면 그린의 경사를 이해하고 서로 다른 각도에서 퍼팅을 해서 시각적 효과와 함께 스피드 조절 능력을 향상시킨다.

제7장

프리스윙과
인스윙 요약

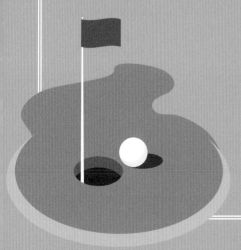

이 마지막 장에서는 지금까지 언급한 모든 스윙의 기본 내용을 골프 스윙 메커니즘에 근거하여 스윙 이론을 다시 한번 점검해 보고자 합니다.

일반 골퍼들도 여기에 반복되는 스윙 기술을 통하여 보다 쉽게 익혀 훌륭한 골퍼가 될 수 있기를 바라며, 또한 누구나 그렇게 될 수 있다고 생각합니다.

또한 여기에 다시 한번 언급되는 골프 레슨 내용들이 쉽게 이해되기 바라며 골프 스윙의 핵심 기술로 자리 잡기를 바랍니다.

1. 프리스윙(Pre-Swing)

골프 스윙을 시작하기 전 골퍼는 반드시 볼을 치기 위한 사전 준비 자세를 취해야 합니다. 이 사전 준비 자세를 프리스윙(Pre-Swing)이라고 합니다. 말 그대로 볼을 치기 전 스윙 준비 동작이라는 뜻입니다.

인스윙(In-Swing) 전 어드레스는 자세(Posture), 스탠스(Stance), 그립(Grip)으로 나누어집니다.

프리스윙(Pre-Swing)을 준비하는 순서도 반드시 자세, 스탠스 그리고 그립의 순서대로 해 주는 게 좋습니다. 이유는 자세를 먼저 취함으로써 인스윙(In-Swing)할 때 몸의 균형을 유지하기가 쉽고 그립을 잡을 때 양손에 힘을 빼고 부드럽게 잡을 수 있습니다.

자세(Posture)

인스윙(In-Swing) 전 동작 중에서 제일 중요한 게 자세(Posture)라고 생각합니다.

자 세 (Posture)

❖ 똑바로 선 자세에서 왼손을
  아랫배 위에 올려 놓고 힙을 뒤로
  민다.
❖ 이때 무릎 위 허벅지를 살짝
  구부린다.
❖ 양 무릎의 힘은 안쪽으로 주고
  체중은 양 발에 균등하게
  실리도록 한다.

From Today's Golfer, Rory McIlroy

- 골프 클럽을 오른손 한 손으로 잡고 머리는 정면을 바라보고 똑바로 선다.

- 왼손을 아랫배 위에 올려 놓고 힙을 뒤로 민다.

- 이때 복식 호흡을 하듯 아랫배를 끌어올리고 무릎이 앞으로 나오지 않도록 무릎 위 허벅지를 살짝 굽혀 준다.

- 양 무릎의 힘은 안쪽 방향으로 향하도록 한다.

- 체중은 양발에 균등하게 실리도록 한다.

- 턱은 내리지 말고 가능한 한 위로 든다.

- 양어깨 선이 펴지도록 해 준다.

- 머리, 어깨, 척추, 힙 라인이 일직선이 되도록 펴 준다.

- 왼쪽 팔은 쭉 펴져 있고 오른팔은 힘을 빼고 약간 굽어지게 한다.

스탠스(Stance)

스탠스는 바디의 회전이 원활하게 해 주도록 서야 합니다. 양발의 폭은 바디의 회전에 영향을 주므로 지나치게 넓지 않게 서는 것이 좋습니다. 오른발은 목표 방향과 직각으로 왼발은 약간 열어 주어 바디의 회전이 잘 되도록 해야 합니다.

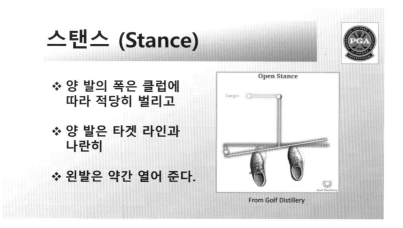

• 드라이버 샷을 하기 위한 스탠스는 175cm 키라면 양발의 안쪽이 양 어깨의 바깥쪽과 같은 정도가 적당하다.

• 클럽이 짧아질수록 양발 사이의 거리는 좁아져야 한다.

• 이때 왼발은 약간(25도 정도) 열어 준다.

• 체중은 양발에 50:50으로 가게 한다.

• 양 무릎 안쪽에 힘을 주어 자세를 안정되게 한다.

• 양손의 위치는 몸에서 주먹 한두 개 정도 떨어지게 한다.

그립(Grip)

그립의 형태는 가장 일반적으로 널리 이용되는 오버래핑 그립(Over-lapping Grip)을 추천합니다. 오버래핑 그립은 양손의 그립 악력을 분리하기가 매우 쉽습니다. 골프 스윙에서 오른손잡이가 왼손에 장갑을 끼는 이유는 왼손의 힘을 강하게 사용하기 위해서입니다. 오버래핑 그립은 왼손을 사용하는데 다른 어떤 그립보다도 왼손에 힘을 주고 회전하기가 편리합니다. 왼손을 힘 있게 잘 사용하는 것은 비거리와 방향성에도 매우 도움이 됩니다. 그래서 예외적인 경우가 아니라면 오버래핑 그립으로 잡기를 바랍니다.

그립의 모양은 스트롱 그립(Strong Grip)을 추천합니다. 왼손은 위에서 아래로 덮듯이 그리고 왼손 손등이 오른쪽으로 회전하듯 잡습니다. 오른손은 손바닥이 하늘을 보듯 옆에서 붙이면서 잡으면 됩니다. 이때 생긴 엄지와 검지의 브이(V) 모양이 나란히 왼쪽 어깨를 향해 있어야 합니다. 양손의 힘을 적게 사용하여도 클럽이 잘 회전될 수 있는 그립입니다. 주로 긴 클럽 드라이버나 페어웨이 우드 그리고 유틸리티 클럽을 사용할 때는 스트롱 그립을 잡는 것이 좋습니다. 이유는 짧은 시간에 클럽을 회전해야 하는 골프 스윙의 속성 때문에 과도한 양손의 사용 없이 클럽을 쉽게 회전할 수 있기 때문입니다.

그립 (Grip)

❖ 오버 래핑 그립

❖ 스트롱 그립
   형태로 잡는다.

From Bobby Walia Golf

오버래핑 그립(Overlapping Grip)을 잡는 방법은 다음과 같습니다.

- 왼손은 위에서 아래로 잡는다.
- 오른손은 오른쪽 옆에서 잡는다.
- 오른손의 생명선이 왼손의 엄지 옆에 닿도록 한다.
- 이때 양손의 집게손가락과 중지 사이는 반드시 띄운다.
- 오른손의 새끼손가락은 왼손의 집게손가락 위에 올려놓는다.
- 왼손의 악력은 중지, 약지, 새끼손가락에 힘을 주어 왼팔에 힘이 가도록 한다.
- 오른손은 집게손가락 하나에 악력을 두고 잡는다.
- 오른손의 중지와 약지는 클럽 회전에 방해가 되므로 힘이 가지 않도록 주의를 기울인다.
- 스트롱 그립(Strong Grip)을 잡을 때는 엄지와 집게손가락이 만드는 브이(V) 자 모양이 오른쪽 어깨를 향하도록 한다. 드라이버나 페어웨

이 우드 샷을 할 때 적절한 그립이다.

• 뉴트럴 그립(Neutral Grip)을 잡을 때는 엄지와 집게손가락이 만드는 브이(V) 자 모양이 턱을 향하도록 한다. 숏 아이언 샷을 할 때 적절하다.

• 위크 그립(Weak Grip)을 잡을 때는 엄지와 집게손가락이 만드는 브이(V) 자 모양이 왼쪽 어깨를 향하도록 한다. 어프로치 샷이나 벙커 샷을 할 때 잡으면 과도한 클럽 회전을 방지할 수 있다.

2. 인스윙(In-Swing)

인스윙(In-Swing)은 실제 볼을 치는 동작으로 지금까지 프리스윙(Pre-Swing)에서 준비된 어드레스 자세를 백 스윙(Backward Swing)과 다운 스윙(Forward Swing)으로 연결하여 볼을 치는 동작입니다.

인스윙 동작은 백 스윙(Backward Swing)과 다운 스윙(Forward Swing)으로 나누어집니다.

백 스윙(Backward Swing)

테이크 어웨이(Take Away)

백 스윙은 어드레스에서 이루어진 동작을 볼을 치기 위해 뒤로 높이 양 손을 들어 올리는 동작입니다. 이 백 스윙의 핵심은 바디 코일링(body coiling)입니다.

"백 스윙에서 가장 중요한 것은 우측 손목을 꺾어 주고 그대로 올려 주는 것입니다."

- 로리 맥킬로이

백스윙 (Backward Swing)

- ❖ 백스윙의 핵심은 바디 코일링
- ❖ 허리를 회전하며 오른쪽 무릎 안쪽에 힘이 가게 하고
- ❖ 오른손을 코킹하며 어깨 위로 그대로 올려준다.

From Golf Magic, Rory McIlroy

- 백 스윙은 배꼽을 중심으로 허리를 오른쪽으로 먼저 회전한다.

- 이때 오른쪽 허벅지와 무릎 안쪽 그리고 오른 발바닥으로 이어지는 라인에 힘이 가도록 하여 백 스윙의 회전축을 견고히 만들어 준다.

- 그다음 오른 손바닥의 생명선이 왼손 엄지를 누르듯 양 손목을 코킹 (cocking)하면서 어깨 위로 들어 올린다. 이때 오른 손목이 잘 굽어져 서(cupped) 오른쪽 팔꿈치가 지면을 향하도록 하게 한다.

- 테이크 어웨이를 시작할 때 클럽 헤드가 시야에서 사라질 때까지 타 겟 반대 방향과 나란하게 지나가도록 한다. 타겟 라인보다 안으로 들 어가지 않도록 주의를 한다.

- 이때 왼쪽 어깨, 양손 그리고 오른쪽 어깨로 힘을 전달하면서 시계 방 향으로 백 스윙 탑까지 회전한다.

- 왼쪽 어깨는 돌릴 수 있는 만큼 최대한 턱 밑으로 돌려 등이 목표를 향하도록 한다.

- 이때 왼팔에는 힘을 많이 주어 쭉 펴지도록 하고 백 스윙 탑에서 왼팔

의 방향은 볼을 향해 있어야 한다. 오른손 손바닥의 생명선은 왼손의 엄지를 밀어 올리듯이 하늘을 향해 있고 팔꿈치는 지면을 바라보고 있어야 한다.

테이크 어웨이(Take Away)를 시작하기 전 먼저 올바르게 클럽을 흔드는 웨글(waggle) 동작을 해 주면 좋습니다. 테이크 어웨이가 시작돼서 백스윙 탑으로 갈 때의 궤적을 스윙 플레인이라 하는데 클럽에 따라 그 궤도는 약간 차이가 있으나 늘 스윙 플레인이 일관성 있게 만들어지도록 노력해야 합니다. 이는 볼의 방향성과 밀접한 관련이 있기 때문입니다.

스윙 플레인(Swing Plane)

❖ 백스윙과 다운 스윙에서 양팔과 클럽 샤프트가 그리는 평면

❖ 이 스윙 플레인이 일정해야 볼이 정확하게 날아 간다.

From Aneka Golf

다운 스윙(Forward Swing)

다운 스윙의 핵심은 백 스윙에서 만들어진 바디 코일링(body coiling)을 스윙 축(dynamic axis)을 중심으로 바디(허리)를 타겟 방향으로 풀어

주는 언코일링(uncoiling) 동작입니다.

다운 스윙 시작부터 스윙이 마무리되는 피니쉬(Finish)까지의 과정을 구분해 보면 다음과 같이 4개의 구간으로 나눌 수 있습니다.

첫 번째 레버리지(Leverage), 두 번째 임팩트(Impact), 세 번째 릴리스(Release) 그리고 마지막 네 번째 피니쉬(Finish) 동작입니다.

레버리지(Leverage)

다운 스윙의 첫 번째 동작 레버리지는 바디 회전을 통한 왼쪽으로 스윙 축을 이동하면서 볼을 치기 위해 바디와 양팔 그리고 클럽이 힘을 비축하며 오른쪽 허리까지 양손을 끌어내리는 동작입니다. 이때 왼팔과 클럽 샤프트는 90도 정도를 이루고 있어야 합니다. 오른쪽 팔꿈치는 허리 옆 5cm 정도 가까이 오도록 해야 합니다. 스윙 플레인을 잘 유지하면서 내려오도록 하고 클럽이 앞으로 먼저 튀어나오지 않도록 주의해야 합니다.

레버리지 (Leverage)

❖ 오른쪽 뒤꿈치를 밀면서 허리를 회전한다.
❖ 왼팔과 양손이 오른쪽 허리 높이 까지 끌려 오도록 한다.
❖ 왼팔과 클럽 샤프트는 90도 유지 해준다.

From Golf Insider

- 오른쪽 뒤꿈치를 밀면서 백 스윙에서 코일링되었던 허리를 언코일링 한다.
- 동시에 체중은 자연스럽게 왼쪽 무릎과 허벅지로 옮겨지도록 바디 (허리)를 회전한다.
- 양팔과 손은 백 스윙 탑에서 오른쪽 골반 옆으로 자연스럽게 끌려오 도록 한다.
- 오른쪽 팔꿈치는 오른쪽 허리 부분에서 5cm 정도로 가깝게 내려오도 록 한다.
- 왼팔은 충분히 펴서 클럽 샤프트와 90도 정도의 각도를 유지한다.

임팩트(Impact)

임팩트는 레버리지(Leverage)에서 만들어진 동작을 임팩트 즉 볼을 타 격하는 구간을 말합니다. 이 구간을 일반적으로 임팩트 존(impact zone) 이라고 합니다. 골프 스윙에서 가장 중요한 순간입니다.

임팩트(Impact)

❖ 왼손목의 외전(Bowed Left Wrist)을 유지하면서 양손을 왼쪽 무릎 앞까지 끌고 온다.

❖ 이때 동시에 왼쪽 가슴을 뒤로 회전한다.

From Skillest

- 레버리지 구간까지 내려온 양손을 오른손 손바닥의 생면선이 왼손 엄지를 밀면서 왼쪽 무릎 앞까지 클럽을 끌고 내려온다. 이때 왼손 목이 타겟을 향하도록 굽어 있어야 한다. 이것을 손목의 구부러짐 (bowed left wrist) 혹은 외전(supinating)이라고 한다.
- 동시에 왼쪽 가슴을 뒤로 회전한다. 이때 왼쪽 가슴이 타겟 방향으로 나가지 않도록 주의한다.
- 클럽이 돌아가는 경첩 운동(hinge movement)은 반드시 왼쪽 무릎 앞에서 이루어져야 한다.
- 임팩트에서 왼팔은 펴져 있어야 하고 오른팔은 약간 굽어 있어야 한다.

임팩트에서 왼손목이 구부러지며(bowed left wrist) 이때 손등과 손목은 타겟 방향을 향해 있어야 합니다. 다시 말해 왼쪽 손목은 외전 (supinating)되어 목표를 가리키고 있어야 합니다. 훌륭한 골퍼들의 왼손목은 임팩트에서 약간 튀어나와 있는 반면에 일반 골퍼는 왼손목이 보통 오목(cupped)하게 들어가 있습니다.

임팩트에서 왼손목

❖ 임팩트(Impact) 에서 왼손목이 구부러진 모양 (Bowed Left Wrist) 혹은 외전 (Supinating, 손목을 밖으로 내 뻗는 동작) 형태를 만들어 줘야 한다.

From Ben Horgan's Five Lessons

릴리스(Release)

릴리스는 임팩트에서 강하게 볼을 타격한 후 팔로우 스루(follow through) 구간을 통해 클럽 헤드를 보내 주는 동작을 말합니다. 양손으로 강하게 회전하는 만큼 양팔과 손에 힘이 많이 들어가게 되어 스윙 축이 무너지지 않도록 주의해야 합니다.

클럽 헤드에 가속도를 높이기 위해 이 구간에서 최고의 스윙 스피드를 만들어 내기 위해 관성 모멘트의 힘을 최대로 이용해야 합니다. 그립을 움켜쥐고 있는 동작을 해서는 안 됩니다. 원심력을 최대한 늘리려면 구심력의 축이 되는 스윙 축(dynamic axis)이 견고해야 합니다. 이 견고한 스윙 축을 바탕으로 양손과 왼쪽 허벅지를 이용한 지면 반력과 함께 클럽을 빨리 회전시켜야 합니다.

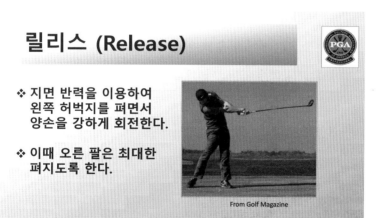

From Golf Magazine

- 지면 반력을 이용하여 왼쪽 허벅지 중심으로 다리를 편다.
- 양손을 이용하여 클럽을 강하게 회전한다.

- 왼쪽 허벅지를 펼 때 무릎은 목표 방향으로 골반은 뒤로 회전하도록 한다.
- 릴리스할 때 양팔이 완전히 뻗어지는 구간은 임팩트 후 1m 전방이 적당하다.
- 이때 클럽 헤드의 스윙 스피드가 최대가 되도록 한다.
- 허리는 골퍼의 배꼽이 타겟 라인보다 더 돌아가도록 회전한다.
- 왼 팔꿈치는 점차 접히도록 한다.
- 오른팔은 똑바로 펴져서 피니쉬(Finish)까지 이어지도록 한다.

피니쉬(Finish)

　피니쉬(Finish)는 인스윙(In-Swing)의 모든 동작이 끝나는 지점입니다. 이 피니쉬 동작을 잘 취하기 위해서는 끝까지 힘의 스윙 축을 잘 유지하고 있어야만 합니다. 스윙 축을 잘 유지하기 위해 왼쪽 가슴으로 마무리해 주면 보다 안정된 스윙 축을 만들 수 있습니다. 이때 모든 체중의 중심은 왼쪽 다리와 골반 그리고 가슴 위에 있어야 합니다.

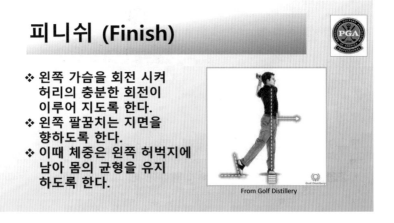

피니쉬 (Finish)

❖ 왼쪽 가슴을 회전 시켜 허리의 충분한 회전이 이루어 지도록 한다.
❖ 왼쪽 팔꿈치는 지면을 향하도록 한다.
❖ 이때 체중은 왼쪽 허벅지에 남아 몸의 균형을 유지 하도록 한다.

From Golf Distillery

- 왼쪽 가슴을 최대한 회전시켜 스윙을 마무리한다.
- 왼쪽 팔꿈치는 똑바로 지면을 향하도록 한다.
- 오른쪽 어깨는 턱을 밀어 올리듯 회전한다.
- 바디의 중심축이 무너지지 않도록 왼쪽 허벅지와 가슴으로 피니쉬하도록 한다.

가슴을 최대한 회전시켜 스윙을 마무리하는 이유는 팔로우 스루(follow through) 구간에서 스윙 스피드를 늘리기 위해서 필요합니다. 또한 왼쪽의 스윙 축을 끝까지 유지하면 원심력을 최대한 끌어내어 클럽 헤드 스피드도 증가시킬 수 있습니다.

3. 숏 게임(Short Game)

그린 주변에서 이루어지는 숏 게임에는 어프로치 샷(Approach Shot), 벙커 샷(Bunker Shot) 그리고 퍼팅(Putting)이 있습니다. 골프 스코어의 60%가 여기에 집중되어 있습니다.

어프로치 샷(Approach Shot)

비록 어프로치 샷은 풀 스윙에 비해 작은 동작이지만 레버리지-외전-릴리스의 기본 이론을 똑같이 적용하여 스윙을 해 주는 게 바람직하다고, 벤 호건은 그의 저서 "Ben Hogan's Five Lessons"에서 주장하고 있습니다.

웨지(wedge)는 클럽 헤드가 다른 어느 클럽보다 무겁기 때문에 바디 회전이나 왼 손목의 외전을 만들어 주지 못하면 중력과 작용 반작용의 힘에 의해 볼보다 뒤 땅을 치기 쉽습니다. 풀 스윙처럼 바디 회전을 충분히해 주어서 핸드 퍼스트의 개념으로 스윙하는 게 좋습니다.

어프로치 샷 (Approach Shot)

❖ 허리의 코일링 언코일링 동작을 활용한다.

❖ 그립은 짧게 잡는다.

❖ 풀스윙처럼 레버리지 - 외전-릴리스의 스윙 이론을 이용 한다.

From Yahoo.com

- 바디의 코일링, 언코일링 동작을 최대한 활용한다.
- 풀 스윙처럼 레버리지-외전-릴리스의 기본 이론과 함께 바디 회전을 충분히 이용한다.
- 양손은 임팩트에서 왼쪽 손목이 구부러지지 않게 외전(왼 손목을 밖으로 내뻗는 동작)시켜 주며 왼쪽 가슴을 회전한다.
- 거리는 관성 모멘트의 힘에 가장 영향을 주는 백 스윙 크기로 조절한다.
- 양손의 회전을 이용하여 클럽 헤드가 충분히 릴리스되도록 한다.
- 볼이 높이 날아가는 것은 전적으로 로프트(loft)에 맡긴다.
- 스윙 리듬을 유지하며 볼을 지나치게 올려 치거나 내려치지 않도록 주의한다.

벙커 샷(Bunker Shot)

벙커 샷도 일반 풀 스윙과 같이 충분한 바디회전과 함께 정확한 클럽 페이스의 입사각을 만들어 주어야 합니다. 임팩트에서 체중이 왼쪽 허벅지에 실리도록 스윙 축을 견고하게 유지해야 하며, 어드레스에서 왼쪽을 향한 것과 같이 클럽 헤드도 스탠스와 평행이 되도록 다운 스윙을 해야 합니다. 그린 주변의 짧은 벙커 샷은 가능한 한 클럽 헤드의 바운스(bounce)를 이용하기 위해 샌드 웻지(sand wedge)를 사용하는 게 좋습니다.

벙커 샷 (Bunker Shot)

❖ 위크(Weak) 그립
❖ 스탠스는 타겟 라인의 왼쪽
❖ 클럽 페이스는 타겟을
　 향하도록
❖ 볼의 위치는 중앙 보다 앞쪽
❖ 임팩트는 볼의 뒤쪽 3-5cm
　 모래를 친다

From Golf Digest

- 그립은 뉴트럴 그립(Neutral Grip) 혹은 위크 그립(Weak Grip)으로 변경해서 견고하게 잡는다.
- 스탠스는 타겟 라인 왼쪽을 향하도록 에임(aim)하고,
- 클럽 페이스(club face)는 타겟을 향하도록 한다.
- 양발은 미끄러지지 않도록 모래 속에 견고하게 묻는다.
- 볼은 중앙보다 왼쪽에 놓는다.
- 스윙은 U 자나 V 자 모양으로 볼의 뒤쪽 3-5cm 모래를 가파르게 친다.

- 벙커 샷의 거리는 백 스윙 크기로 조절한다. 백 스윙이 크면 클수록 관성 모멘트가 클럽의 헤드 스피드에 영향을 주어 멀리 날아가게 된다.

퍼팅(Putting)

퍼팅 그립은 역 그립이 가장 장점이 많다고 생각합니다. 그래서 레프트 핸드 로우(left hand low)라고 불리우는 역 그립을 추천합니다. 잡는 방법은 오버래핑 그립의 반대로 잡으면 됩니다.

왼손을 오른손보다 그립 아래로 하면서 뉴트럴 오버래핑(Neutral Overlapping) 그립으로 잡고 왼손 엄지는 오른손 엄지 위로 가게 퍼터 그립 위에 나란히 놓고 오른손 검지손가락은 왼손의 약지와 새끼손가락 위에 올려놓으면 됩니다.

양손의 위아래가 오버래핑 그립과는 반대로 변형되었기 때문에 오른쪽 어깨가 위로 가게 되고 반대로 왼쪽 어깨가 아래로 내려오게 됩니다. 이는 상체가 열려서 헤드업이 되는 현상을 막아 주고 왼손 손목이 꺾이는 것도 막아 주게 됩니다. 그러므로 숏 퍼팅에서 안정적인 퍼팅을 하는 데 매우 유리합니다.

왼손이 퍼팅을 주도하기 때문에 장거리 퍼팅에 어려움이 있다고 하지만 왼손과 양쪽 어깨의 일체감을 유지하기가 쉬워서 조금만 열심히 훈련한다면 장거리 퍼팅의 속도 조절도 쉽게 극복할 수 있습니다.

퍼팅 (Putting)

❖ 퍼팅 그립은 오각형을
  유지하라.
❖ 볼은 왼쪽 가슴 앞에.
❖ Back & Forward는 1:2
  비율로.
❖ 상향 타격을 하라.
❖ 퍼팅 리듬은 일정하게.

From Golf Magic

- 반드시 자세, 스탠스 그리고 그립 순서로 어드레스를 취한다.

- 퍼팅 그립은 레프트 핸드 로우인 역 그립으로 잡는다.

- 그립은 양손, 양 팔꿈치 그리고 양어깨가 오각형을 이루도록 한다.

- 퍼팅 어드레스는 타겟 방향과 나란하게 선다.

- 볼은 왼쪽 가슴 앞에 놓는다.

- 퍼팅은 왼 손등과 양어깨를 이용하여 상향 타격을 한다.

- 백 스윙에서는 왼 손등으로 밀면서 양어깨와 함께 시계 방향으로 회
  전한다.

- 다운 스윙에서는 왼 손등으로 끌면서 양어깨를 시계 반대 방향으로
  회전한다.

- 퍼팅 시선은 볼의 안쪽을 바라본다.

- 타겟을 향하여 퍼터 페이스는 직각을 이루도록 한다.

- 하체의 바디가 움직이지 않도록 한다.

- 퍼팅 스트로크는 가속되도록 1:2의 비율로 한다.

- 임팩트는 퍼터의 스윗 스팟(sweet spot)에 맞도록 한다.
- 퍼팅 리듬을 일정하게 유지하며 상향 타격을 한다.

맺음말

"두 손은 클럽을 쥘 뿐, 클럽을 휘두르는 것은 팔이다. 그리고 그 팔은 몸통에 의하여 휘둘러진다."

"모든 훌륭한 골퍼들은 임팩트 때에 왼손이 클럽 헤드보다 앞서 있다."

- 벤 호건

골프 교습에 관한 이 책을 쓰면서 골프의 전설이자 현대 골프의 아버지라 불리는 벤 호건의 명언 중 가장 골프 스윙을 함축한 최고의 명언이라 생각합니다.

이 명언만 마음에 두고 혼자 스스로 골프를 훈련해 나가도 충분히 상급자 골퍼로 올라설 수 있다고 자신 있게 말할 수 있습니다.

모르면 모방이라도 해야 하지만 모방은 쉽게 한계에 도달하게 됩니다. 기본과 원리라는 단어를 늘 입버릇처럼 말을 하고 가르치지만 정작 그 기본과 원리가 과학에 근거한 것인지를 뒤로한 채 이런 느낌, 저런 느낌으로 골프 스윙을 해결하려 하면 완성도 높은 골프 스윙을 구사하기까지는 멀고도 험한 길이 될 것입니다.

이 책에서 스윙 매커니즘에 따른 물리학 이론을 제시한 것은 어떤 과학적 수치를 계산해 내기 위한 게 아닙니다. 그 과학적 지식의 이해만으로 충분합니다. 여러분이 기본 물리학 개념을 이해만 해도 '찍어 쳐라, 밀어 쳐라, 쓸어 쳐라' 이런 언어에서 쉽게 해방될 것입니다.

다운 스윙에서 골프 클럽은 골퍼가 느끼지 못하는 관성 모멘트의 가속도 그리고 지구의 중력 가속도에 의해서 훨씬 빠르고 강하게 회전합니다. 이 회전하는 원심력만 충분히 활용해도 여러분은 만족할 만한 장타를 칠 수 있습니다. 이유는 이 운동이 등속 운동이 아닌 가속도 운동을 하고 있기 때문입니다. 가속도 운동은 시간의 제곱에 반비례하여 힘을 만들어 내기 때문입니다.

실제로 골프 레슨을 해 보면 드라이버로 120m 정도 치는 중년 여성 골프 스윙에서 골프 스윙은 비슷하나 그립 악력의 크고 작음의 차이로 가속도에 많은 영향을 주게 됩니다. 이 가속도의 차이로 인해 스윙 스피드가 느려지고 혹은 빨라져서 비거리는 쉽게 30m 정도의 차이를 넘나들게 됩니다.

일반적으로 동양인은 신체적으로 서양 골퍼들보다 열세인 것이 사실입니다. 이 열세인 신체조건을 극복해 낼 수 있는 유일한 방법은 클럽 헤드의 가속도에 의한 헤드 스피드 증가뿐입니다. 원심력에 의한 관성 모멘트의 증가만이 비거리 향상의 지름길입니다.

미디어 세계에서 말하는 "이렇게 쳐라, 저렇게 쳐라"에 연연하기보다 왜 이렇게 쳐야 하는지, 왜 저렇게 쳐야 하는지 그 이유를 살펴보면서 훈련하는 게 훨씬 더 효과적이라고 생각합니다. 그래서 누군가 말한 "생각하는 골퍼가 되어라"라는 말이 명언이 되었는지도 모르겠습니다.

뿌리 깊은 나무는 바람에 흔들리지 않습니다. 나무의 뿌리가 보이지 않는다고 무시하고 간과하면 그 나무는 올바르게 성장하지 못합니다. 다른 나뭇가지가 내 것인 양 흉내 내는 골프 스윙은 발전하기가 어렵습니다. 가지 많은 나무에 바람 잘 날 없듯이 바디의 도움 없이는 결코 일관성 있는 스윙을 구사할 수 없습니다.

골프 스윙은 단순 명료합니다. 단지 이 단순 명료한 이론을 수십, 수백 가지로 나누어서 해야 되는 동작, 하지 말아야 하는 동작으로 열거하고 골프 스윙을 연습하면 훌륭한 골퍼가 되기는 매우 어렵습니다. 스윙이 흔들리면 돌아갈 수 있는 기본 원리를 나만의 스윙 이론으로 간직하고 있어야 합니다.

이 책이 이런 어려운 접근을 탈피해서 보다 짧은 시간에 쉽게 골프를 정복할 수 있기를 기대하는 마음으로 시종일관 많은 노력을 했습니다. 현재 골프를 치고 있거나 골프를 시작하려는 모든 분들에게 이러한 것이 현실로 다가왔으면 하는 간절한 바람을 가지고 있습니다.

끝으로 이 책이 출간되기까지 물심양면으로 지원해 주신 모든 분들께 고맙다는 인사를 드립니다. 고맙습니다.

안 스티븐, PGA Class A

극동 스포츠, **Golf Instructor**
(강남구, 압구정동)
Galloping Hill GC & Learning Center, NJ
S&S Golf Academy
NASD Stock Broker / Dealer, USA

PGA University
Wharton Business School 대학원
NJ Institute of Technology 대학원, MS

챔피언 골프 스윙

ⓒ 안 스티븐, 2024

초판 1쇄 발행 2024년 4월 3일

지은이   안 스티븐
펴낸이   이기봉
편집   좋은땅 편집팀
펴낸곳   도서출판 좋은땅
주소   서울특별시 마포구 양화로12길 26 지월드빌딩 (서교동 395-7)
전화   02)374-8616~7
팩스   02)374-8614
이메일   gworldbook@naver.com
홈페이지   www.g-world.co.kr

ISBN   979-11-388-2921-2 (03690)